노인상담
서비스전달체계
인식에 관한 이해

노인상담
서비스전달체계
인식에 관한 이해

· 김 태 식 지음

KSi 한국학술정보㈜

목 차

제**1**장 서 론

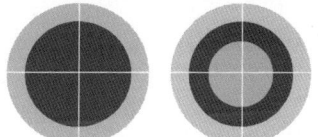

서 론

 최근 우리나라는 산업화·도시화 과정 속에서 핵가족화 및 여성의 사회진출 증가 등에 따른 세계최저수준의 출산율과 함께 의학기술 및 생활수준 향상에 따른 급속한 평균수명의 연장으로 인해 인구 고령화가 세계 최고 빠른 속도로 진행되고 있다. 2000년에 65세 이상 인구가 총인구의 7.2%에 이르러 이미 고령화 사회로 들어섰고, 향후 2014년에는 14.3%로 고령사회로, 2026년에는 20.8%로 초고령사회로 접어 들어설 것으로 전망된다(통계청, 2006).

 이와 같은 고령화의 급속한 진전과 함께 산업화, 도시화, 핵가족화 등에 따른 가족 및 사회 가치관의 변화로 가정에서는 성인자녀의 부모 부양의지가 희박해지고 산업현장에서는 능률주의 및 업적주의 등의 시장논리가 지배하면서 노인은 가정에서나 사회에서나 역할 상실 및 경제능력상실, 이에 따른 소외감과 고독감에 빠지게 되었다. 게다가 이러한 사회구조·환경적 요인 등으로 인해 노인은 경제적·신체적·정서적·사회 참여적 문제에 직면하게 되었다.

 이러한 노인인구의 증가는 필히 경제사회적 문제를 파생시키는데, 이를 두 가지 측면에서 살펴볼 수 있다. 우선 사회의 노인부양부담이 증가한다는 것이다. 노년부양지수[1]가 2000년의 10.1%에서 2010년은

---

1) 생산연령인구(15~64세)가 노년인구(65세 이상)를 부양하는 비율로 노년인구 / 생산연령인구*100이란 공식으로 산출된다.

14.9%, 2020년은 21.8%에서 2030년 37.3%로 급증하여 2000년 생산연령인구 10명이 1명의 노인을 부양하던 것이 2030년에는 2.7명의 노인을 부양하게 된다(통계청, 2005). 이로 인해 연금, 의료, 사회복지서비스 등 사회보장지출의 증가는 물론 국가의 생산성저하 및 경제성장률 하락, 그리고 사회의 활력저하를 가져올 수 있다. 다른 하나는 복합적이고 다양한 노인문제에 직면하게 되는 노인 당사자가 직접 겪게 되는 불안 및 스트레스, 우울증 등 심리적 고통으로 인해 이혼 및 자살 등의 사회적 문제의 발생이다. 2005년 65세 이상 인구의 이혼발생 건수는 남편 기준 2,672건, 처 기준 922건이었는데, 이는 10년 전인 1995년과 비교하여 남편 기준 이혼건수는 4배, 처 기준 이혼건수는 6.7배 증가한 수치이다(통계청, 2005).[2] 이와 동시에 노인자살률은 전체 자살률의 2.3배(2003년 기준)로 1999년 이후 지난 4년 7개월간 노인자살자 수는 12,557명에 달한다(경찰청, 2003).

21세기 들어 선·후진국을 막론하고 거의 모든 국가의 공통사항인 노인문제는 노인이나 가족 홀로 해결하기에는 역부족이며, 따라서 국가와 사회가 전면에 나서서 해결해야 할 강력한 도전이자 정책과제로서 노인복지관련 학계나 전문가 사이에 논의의 초점이 되고 있다. 과거 고령화 사회를 대비할 시간적 여유가 있었던 구미의 선진국들과는 달리 현재 우리나라의 경우 고령화가 급속도로 진전되어 미처 고령화 사회를 대비할 인적·물적·행정적 자원을 제대로 갖추지 못해왔다. 최근 중앙정부나 지방자치단체의 차원에서 노인문제의 심각성과 중요성이 점차 인식되면서 노인복지 관련 예산은 과거에 비해 크게 증가하였고, 정부차원의 서비스 확대도 진행되고 있다.

정부의 노인문제의 해결을 위한 정책으로는 노인문제의 영역에 따라

---

2) 같은 기간 전체이혼건수는 2.1배 증가하였다.

경제적 문제해결을 위한 소득보장정책, 신체적 문제해결을 위한 의료보장책, 노인의 정서적 및 사회 참여적 문제해결을 위한 노인복지서비스 정책 등을 들 수 있다. 특히, 최근 들어 정부는 거동이 불편한 노인을 위한 재가방문서비스, '노인 돌보미 바우처(서비스 이용권)'[3)]사업을 실시하였고, 2004년 현재 수급률이 12.8%에 불과한 기초노령수당을 2008년부터 65세 이상 전체 노인의 60%인 350만 명에게 수당을 지급할 예정이다.

노인문제를 해결하기 위해서는 충분한 양과 질의 복지서비스 제공을 위한 정책적 개발과 노력도 중요하지만, 복잡다양하고 지역적 특성을 갖고 있는 노인의 욕구 및 문제를 정확히 이해해고, 이에 대해 적절히 대응할 수 있는 수혜자 중심의 대처방안, 즉 신속·정확한 처방전을 내놓을 수 있어야 한다. 이를 위해서 최근 들어 그 어느 때보다도 노인상담의 필요성이 크게 부각되고 있고, 이에 따라 노인상담의 효과성 측면에서 상담원의 우수한 자질과 역량, 정교한 상담기법 등이 요구되고 있다.

이와 같이 상담의 필요성과 역할이 중요함에도 불구하고 상담이 활성화 되지 못하고 있는 이유는 상담서비스가 제공하는 자원의 한계도 있겠으나, 그보다는 상담서비스를 전달하는 서비스전달체계가 미흡한 데서 더 큰 원인을 찾아볼 수 있다.

노인상담 서비스전달체계란 상담서비스의 공급자와 소비자 간을 연결시키기 위한 조직적 장치(organizational arrangements)라고 할 수 있다(Gilbert & Specht, 1986). 상담서비스의 전달체계는 구조·기능에

---

3) 이 제도는 만 65세 이상의 노인을 두고 소득수준이 전국 월 평균소득의 80% 이하인 가정 중 치매, 중풍 등 중증질환을 앓고 있는 노인들에게 가정봉사단을 파견해 식사, 목욕, 청소, 세탁, 외출, 생필품 구매 등을 도와주는 것이다.

따라 상담서비스를 기획, 지원, 감독하는 업무를 직접 수행하는 행정체계와 일선에서 수혜자에게 구체적인 상담서비스를 제공하는 업무를 주로 수행하는 집행체계로, 또 운영 주체에 따라 정부나 공공기관이 직접 관리·운영하는 공적 전달체계와 민간단체가 직접 관리·운영하는 사적 전달체계로 구분된다. 하지만 행정·집행체계이든 공적·사적 전달체계이든 서비스전달체계가 불안정하고 비효율적이면 결코 상담서비스의 내용과 품질을 담보할 수 없고, 이는 결국 자원의 낭비를 가져온다. 가령, 물이 상담서비스라고 한다면 물을 담는 물그릇은 서비스전달체계라 할 수 있다. 물은 물그릇에 의해 삼각형도 되고 사각형도 되는 등 형태가 달라지게 마련이다. 따라서 상담서비스의 품질을 결정짓는 여러 요인이 있겠지만, 그중에서 서비스전달체계가 미치는 영향은 상담서비스 사업에 성패를 좌우할 만큼 크다고 할 수 있다.

상담서비스에 대한 기존의 연구들은 연구대상을 주로 상담기능 및 상담서비스가 제공하는 급여 및 서비스 등에 관련된 것으로 상담서비스의 전달체계에 관한 연구나 분석은 미흡하다. 즉 노인상담서비스를 다룬 논문들은 대부분 그 방향이 노인의 욕구나 문화심리특성, 사회 복지적 차원, 상담학 이론 등 노인상담의 방법이나 노인상담서비스의 내용과 질에 초점을 두고 있으며, 노인상담서비스 전달체계에 대한 행정적 접근은 매우 적다고 할 수 있다. 최근 전달체계에 관한 연구논문으로서 김진희(2007)와 홍봉수(2004)의 논문을 들 수 있는데, 이들은 상담서비스가 제공하는 서비스의 내용 및 질보다는 전달체계의 역할과 중요성에 더욱 초점을 맞춰야 한다는 문제의식을 제기하면서 그 개선 방향을 모색했다.

또한 서비스전달체계의 이론적 분석 틀로서 Wright(1983)는 '정부 간 관계'이론에서 전달체계의 모형을 대립, 종속, 파트너 형으로 구분하였고, 이 이론에 근거하여 우리나라의 '정부 간 관계'는 어떠한 형태에 가까운지 파악될 수 있을 것이다.

그리고 미국과 영국 등 선진국의 노인상담 서비스전달체계의 사례를 보면, 중앙정부가 기획하고 재정적으로 지원하는 프로그램이라 할지라도 지방자치의 활성화라는 측면에서 지방자치단체가 개인의 욕구사정, 서비스 배정계획 및 전달을 책임지는 자율성과 책임성을 확보할 수 있도록 권한이양이 이뤄지고 있다. 이러한 선진국의 정책추세는 특히, 지방자치가 정착단계에 들어선 우리나라의 서비스전달체계 정립에 시사하는 바가 크다.

최근 여러 선행연구들이 노인상담서비스 연구에 있어 상담서비스의 내용보다는 서비스전달체계에 초점을 두고 문제점 등을 지적하고 있고, 또 그러한 문제들이 실제 전달체계에서 나타나고 있는 것이 현실이다. 이런 문제의식에서 본 연구의 목적은 기존 문헌 및 정책자료 등의 고찰을 통해 이론적 체계화를 시도하며 이를 근거로 하여 현행 노인상담 활성화를 위한 서비스전달체계의 관리운영과 서비스 실태에 관한 실증분석을 실시하고, 그 분석결과를 논의하며, 그에 따른 정책대안으로서 현실 여건을 고려한 최적 전달체계 모형을 개발·설정하는 데 있다. 이러한 목적을 달성하기 위해 본 연구는 다음과 같은 연구 질문에 답하고자 한다. 첫째, 노인의 상담서비스에 대한 인식과 기관종사자의 서비스전달체계에 대한 인식 간의 차이는 어느 정도 수준인가? 둘째, 현행 노인상담 서비스전달체계의 관리운영과 서비스제공의 실태가 서비스전달체계의 기본원칙에 얼마나 부합하는가? 셋째, 사회복지서비스의 기본원칙, 정부의 정책, 현실적용 가능성 등에 비추어서 현실적으로 어떤 형태의 노인상담서비스 전달체계가 가장 적합한가?

제 **2** 장   노인상담과 서비스전달체계에 관한
이론적 배경

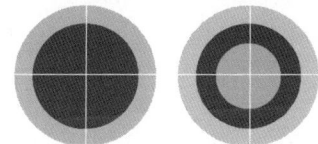

노인상담과 서비스전달체계에 관한 이론적 배경

제1절 사회문제로서의 노인문제

1. 사회구조·환경적 요인

1970년대 들어 노인복지관련 학계나 전문가에 의해 노인문제를 사회문제의 한 영역으로 인식하고 사회·국가적으로 이에 대처할 것을 제기하여 왔으나, 현실적으로 노인문제는 사회·국가의 관심사항이 되지 못했다. 그러다가 1981년 노인복지법(개정 2004년)이 제정되고 특히 최근 들어 노인빈곤, 노인질병, 노인독거, 노인자살, 노인학대 등의 노인문제들이 매스컴에 오르내리면서 심각한 사회문제로 대두되고 있다. 이는 노인문제가 비단 노인 개개인의 문제나 노인이 속해 있는 가정의 문제만이 아닌 사회·국가적인 문제로 제기되고 있음을 의미한다. 특히 우리나라뿐만 아니라 선진국에서도 심각한 쟁점이 되고 있음을 볼 때 21세기에는 노인문제가 인류문명에 심각한 도전이 될 것이라는 것을 짐작할 수 있다. 노인문제는 노인 개인이나 가정의 노후대비

부족 및 결함에 의해 발생한 부분도 있으나 그보다는 산업화·도시화 과정에서 사회구조·환경적 요인에 의해 발생하는 부분이 훨씬 더 크다고 할 수 있다(최순남, 1995).

노인문제를 배태하는 사회구조·환경적 요인은 다음과 같이 살펴 볼 수 있다. 첫째, 산업화 과정에서 도시화 및 가족구조의 변화, 이로 인한 가치관의 변화와 핵가족화로 자녀가 분리되고, 여성의 사회진출이 늘고, 부모의 가부장적 위치가 흔들리면서 종래의 가족기능이 약화되고 전통적으로 자식이 부모를 봉양한다는 부양 및 효도의식이 희박하게 되었다. 이에 따라 노인은 경제적·신체적 문제는 물론 가족 내에서의 역할상실에 따른 고독감과 소외감에 빠지게 되었고, 이는 현실적으로 빈곤노인, 독거노인 등의 문제를 위시하여 노인학대, 노인유기, 노인자살 등에 이르는 복합적인 문제를 낳게 되었다(최성재, 2004).

둘째, 산업화가 진전되면서 산업사회의 가치논리에 따라 사회가치관이 급격히 변화되었다. 사회가치관이 능률주의, 업적주의, 물질만능주의 등으로 바뀌면서 노인들이 가지고 있는 지식과 가치관, 경험이 무용지물이 되고, 따라서 노인들은 산업현장에서 비자발적·강제적 퇴직을 당하게 되었다. 퇴직은 곧 경제적 능력상실을 의미할 뿐만 아니라 사회에서의 역할상실로 인해 심리적 좌절감과 소외감이 노인문제에 주요 영역을 차지하게 되었다.

셋째, 저출산과 평균수명 연장에 따른 노인 인구의 증가로 고령화가 급속도로 진전되었다. 우선 여성의 사회진출이 늘어나고, 자식의 양육·교육 부담이 증가하면서 출산율 감소 현상이 뚜렷해졌다(김응렬, 2004). 특히 우리나라는 출산율이 지속적으로 감소세를 보여 우리나라 여성의 합계 출산율은 1972년 4.14명에서 1980년 2.83명, 2000년 1.47명, 2002년 1.17명, 2004년 1.06명, 2005년 1.08명으로 저하되었다(보건복

지부, 2006). 반면에 의학기술의 발달과 생활여건의 개선으로 평균수명
은 지속적으로 상승하여 1960년에 남녀평균 52.4세였던 것이 2000년
에는 남자 72.1세, 여자 79.5세에 달하고 2005년에는 남자 74.8세, 여
자 81.5세로 나타났다(보건복지부, 2005). 2020년에는 남녀평균 80.8세
에 이를 것으로 추정되며 인생 80세의 시대가 조만간 도래할 전망이다.
이 같은 세계최저 수준의 출산율과 급속한 평균수명의 연장이 맞물려
인구고령화는 가속화될 전망이다. 고령화 진행수준을 비교하는 방법으
로 흔히 UN에서 정한 바와 같이 총인구에서 65세 이상 인구가 차지
하는 비중이 7% 이상인 국가를 고령화 사회(aging society), 14% 이
상인 국가를 고령사회(aged society), 20% 이상인 국가를 초고령사회
(super-aged society)로 분류한다.[4] 통계청의 2005년도 고령자통계(통
계청, 2006)에 의하면 우리나라는 2000년에 65세 이상 인구가 총인구
의 7.2%에 이르러 '고령화 사회'에 들어섰고, 향후 2018년에는 14.3%
로 고령사회로 진입하며, 노인인구가 2026년에는 20.8%로 초고령사회
에 도달할 것으로 전망된다.

 Wallice(1999)는 'Agequake'라는 신조어를 사용하여 인구고령화가
사회에 미치는 파장을 지진에 비유하고 있다. 그만큼 인구고령화는 산
업구조, 재정과 금융, 주택시장, 문화, 직업환경 등 전체 사회에 강하고
큰 영향을 미친다. 그리고 Peterson(2000)은 고령화 사회를 Gray
Dawn'에 비유하여 앞으로 펼쳐질 고령사회는 회색빛으로 물든 불안한
사회가 될 것임을 경고하고 있다.

 이러한 고령사회에 진입함에 따라 생산성 저하로 인한 경제성장률

---

4) UN에서는 65세 이상의 노인인구가 전체인구에서 점하는 비율이 4% 미
  만인 국가를 유년국가(young population), 4~7%인 국가를 성년국(mature
  population)이라 하고, 7% 이상인 국가를 노년국(aged population)이라고
  규정한다.

둔화, 사회복지비용 증가, 부양비 증가 등 사회경제 전반에 걸쳐 심각한 문제를 파생시킬 것이다. 더욱이 우리나라의 경우 아직 공적 부양체계가 미확립되어 있는 상황에서 가족과 사회구조의 변화에 따라 사적 부양체계가 급속히 붕괴되면서 노인인구 증가에 따른 노인문제는 단기간에 해결하기가 쉽지 않은 난제로서 더욱 심각한 파장을 불러일으킬 것이다. 이와 같은 사회구조, 환경적 요인에 의해 주로 비롯된 노인문제의 특수성에 비추어 볼 때 노인문제는 개인과 가족차원의 문제를 떠나 사회, 국가적인 차원의 문제로서 정부와 사회, 국가가 발 벗고 나서야 할 주요 의제가 되었다(모선희, 2005).

2. 인구 · 사회경제학적 특성

노인인구의 증가는 단순히 개인 및 가족 문제의 차원을 넘어 이들에 대한 부양 및 보호 부담을 사회적으로 증가시키게 된다. 국가, 사회적 측면에서 인구구조의 고령화는 경제성장의 저하, 증가하는 노인의 부양과 보호문제, 의료에 들어가는 비용과 연금부담의 급증, 주택과 생활환경, 고용과 여가문제 등 각 부문에 심각한 영향을 주게 된다(박차상 외, 2005).

현대화 이전 우리나라 농경사회의 전통적 노인부양은 가족과 자녀, 특히 장남에게 책임이 있는 것으로 간주되었고 노인은 가족과 동거하며 부양과 보호를 받아 왔다. 그러나 산업화에 따른 도시화, 핵가족화, 여성의 사회진출 증대, 출산율의 감소 등과 같은 사회구조의 변화로 전

통적인 가족의 기능이 약화되고 그 영향으로 노인 부양에 대한 가치관
도 변화하여 노인의 부양과 보호는 사회문제로 대두되었다(박차상 외,
2005).

노인 부양 부담을 측정하기 위한 지표로 노년부양지수, 노령화 지수
등을 들 수 있다. 노년부양지수, 노령화 지수 등의 국제적 지표를 산출
하기 위해서는 먼저 전체 인구를 크게 세 부분으로 구분하여 0~14세까
지의 연소인구, 15~64세까지의 생산연령인구, 그리고 65세 이상의 노
년인구로 나누게 된다.

노년부양지수는 생산연령인구가 노년인구를 부양하는 비율로 노년인
구/생산연령인구*100이란 공식으로 산출된다. 그리고 노령화 지수는
연소인구에 대한 노년인구의 비율로 노년인구/연소인구*100으로 산출
된다.

노년부양지수는 1960년의 5.3%에서 점차 증가하여 1990년에 7.4%,
2000년에 10.1%, 2020년에 21.8% 그리고 2030년에는 37.3%로 급증
할 전망이다(통계청, 2005). 즉 2000년 생산연령인구 10명이 한 명의
노인을 부양하던 것이 2030년에는 3.7명의 생산연령인구가 한 명의 노
인을 부양하게 된다는 것이다. 따라서 생산연령인구의 노인부양 부담이
급격히 늘어나서 사회적, 경제적으로 노인의 부양 부담을 가중시킨다는
것이다(Kosberg, 1992: 1).

다음으로 노령화 지수 추이를 보면 1960년 6.9%에서 1990년 20.0%,
2000년에 34.3% 그리고 2020년에는 124.2%로 증가하여 앞으로 10년
이상이 지나면 유년인구보다 노년인구가 많아질 전망이다(<표 2-1> 참
조). 즉 고령화 추세는 선, 후진국을 막론하고 전 세계 공통적으로 일어
나는 현상이다(Myers, 1985: 181). 이러한 노년부양지수와 노령화 지수
의 급격한 상승은 경제적, 사회적으로 노인 부양 부담을 가중시키고, 유

년인구보다 노인인구가 많아짐으로써 미래 우리 사회의 활력을 저하시킬 가능성이 농후하다고 할 수 있다.

노인인구의 증가로 연금, 의료, 사회복지서비스 등 사회보장 지출의 증가를 가져온다. 우리나라는 1988년 1월부터 10인 이상 사업자를 대상으로 국민연금을 실시했고, 1999년 4월에는 이를 도시자영민까지 포함시킴으로써 전 국민으로 연금제도를 확대하였다. 그러므로 사회보장의 핵심인 연금제도의 역사가 짧기 때문에 아직까지는 수급자 수와 연금지출액이 많지 않다고 할 수 있다. 그러나 연금제도가 성숙되면 급속한 인구고령화 진행으로 복지선진국과 같이 연금수급자 수와 연금지출비용이 급격히 증가할 것으로 예상된다.

<표 2-1> 노년부양지수 및 노령화 지수

	1960	1990	2000	2005	2020	2030
노년부양지수(%)	5.3	7.4	10.1	12.6	21.8	37.3
노령화 지수(%)	6.9	20.0	34.3	47.4	124.2	214.8
노인1명당 생산가능인구(명)	18.9	13.5	9.9	7.9	4.6	2.7

자료: 통계청(2006).

또한 노년기에는 신체적 및 정신적 기능 저하, 노인성 질병 발생 등으로 인한 유병률, 입원율, 입원일수 등이 비고령자에 비하여 높기 때문에 그만큼 의료비 지출이 증가하게 된다. 게다가 지속적인 평균수명의 연장으로 소위 75세 이상의 후기 고령자가 급속하게 증가하면서 더욱 많은 의료비 지출의 압력 요인으로 작용한다(박광준, 1999).

따라서 인구고령화에 동반하는 연금, 의료비용의 증가로 사회보장의 재정적 지출 증가는 피할 수 없게 되는 것이다. 그 외에도 사회복지서비스와 고용, 주택, 교육 등의 비용도 대폭 증가할 것으로 추산되어 사

회보장, 사회보장서비스 등으로 국민의 재정적 부담이 한층 무거워지게
될 것이다(임춘식, 1991).

3. 경제적 · 신체적 · 정서적 · 사회 참여적 문제

노인문제는 복합적인 양상을 띠고 있어 한마디로 규정하기는 어렵지
만, 크게 경제적 · 신체적 · 정서적 · 사회 참여적 문제로 대별할 수 있다.

1) 경제적 문제

우리나라에서 노인에게 가장 심각한 문제는 경제적 문제이다. 우선
노인은 젊은 세대에 비교하여 정신적, 신체적 기능이 쇠퇴하여 끊임없이
변화하는 기술에 적응하는 역량과 생산성이 떨어져 산업현장에서 경쟁
력을 확보하기 어려워졌으며, 이는 곧 직장 퇴출로 이어졌다. 퇴직의 가
장 큰 영향은 수입에 대한 것일 것이다. 수입은 퇴직 전에 비하여 절반
또는 그 이하로 떨어지는 것이 일반적인 현상이다(Atchley, 1976). 또한
세계적으로 자녀 교육열이 높은 우리나라 노인은 자녀의 양육과 교육비
의 과다 지출로 저축할 여유가 없어 노후대비를 제대로 하지 못했다.
그리고 사회보장제도의 초기단계에 있는 우리나라의 경우 소득보장
정책의 혜택이 미흡하여 연금수입이 있다고 하더라도 급여액은 임금수
입금액에 크게 미치지 못한다(박상하, 2005). 그나마 65세 이상 노인층

에서 공적연금수급자나 국민기초생활수급자를 모두 합해도 22.5%에 불과하다. 나머지 77.5%의 노인들은 기타 다른 방법으로 생계를 유지해야 하는 것이다(한국보건사회연구원, 2004).

  이러한 배경하에서 과거 대가족하에 성인자녀들의 부양을 받을 수 있던 이전의 노인과는 달리 고령화 사회 노인들은 스스로 노후대책을 마련하지 않으면 안 될 처지에 놓이게 되었고, 결과적으로 노인계층은 자녀들에게 손을 벌리게 되고, 빈곤계층으로 전락하게 되었다.[5] 경제적 문제는 생계곤란뿐만 아니라 의료, 주거, 여가선용 등 노인의 전반적인 생활의 질을 떨어뜨리게 되어 노인들의 신체적·정신적 장애 등 이중 삼중의 문제를 야기시킨다는 점에서 문제의 심각성이 있다. 더군다나 우리 사회에서 핵가족화, 경기침체 등으로 인해 부모·자녀 간의 관계가 소원해지고 부양부담이 커질수록 부모부양을 둘러싼 경제적 갈등이 심화되면서 노인학대가 늘고 있다. 노인학대의 개념정의를 살펴보면, 노인복지법에서는 '노인학대라 함은 노인에 대하여 신체적, 정신적, 성적폭력 및 경제적 착취 또는 가혹행위를 하거나 유기 또는 방임하는 것을 말한다' (제1조의 2). '한국노인의 전화'의 상담사례집에 의하면 노인학대가 가족관련 상담 중 1994~1995년 기간 중에 9.7%에서 1996년에는 12.4%로 증가 추세를 보이고 있는 것으로 나타나고 있다(정경희, 2005).

---

5) 노인의 소득원은 대체로 다음과 같다. 첫째, 일과 직업을 통한 근로소득이 34%, 자녀 및 친척의 지원에 의한 의존적 소득 90%, 연금과 저축을 통한 재산소득, 종교단체 및 구호기관의 지원, 정부의 생활보호 등 우리나라 노인 소득원의 대부분은 자녀에게 의존하고 있음을 알 수 있다(박차상외, 2005).

2) 신체적 문제

경제적 곤란과 함께 노인들에게 가장 심각한 문제는 노화에 따른 건강악화로 발생되는 신체적 문제이다. 노인이 되면 노화에 따라 건강이 악화되고, 질병에 걸릴 확률이 높으며, 특히 젊은 세대와는 달리 만성질환으로 인해 장기간의 치료와 요양을 필요로 한다. 특히 노화로 인한 건강이나 적응력의 감소를 경험하는 노인들의 경우 건강의 중요성은 커진다(Anold, 1991). 노인의 약 87%가 치매, 중풍 등 각종 만성질환을 앓고 있으며, 노인의 3.5%가 독립적인 일상생활이 불가능하다고 한다(한국보건사회연구원, 1995).

건강보호 및 의료관련문제로는 1998년 조사에 의하면 우리나라 노인의 약 70%가 건강이 주요관심사라고 응답했다. 노인들은 대부분이 한두 가지 이상의 질병을 호소한다는 점에서 노인의 건강관리는 개인적·사회적 차원에서 그리고 노인 삶의 질이라는 측면에서 중요한 문제가 아닐 수 없다. 특히, 유병구조는 관절염, 고혈압 등 퇴행성 만성질환이라는 특징이 있다. 만성질환 등 가장 유병률이 높은 관절염은 노인의 43.4%가 이병으로 고생하고 있는 것으로 나타났고, 이들은 두 가지 이상의 만성적인 질환을 가지고 있다는 특징이 있다. 이와 같이 두 가지 이상의 만성질환을 가진 노인병의 특징으로 볼 때 지속적인 의료비가 필요한데, 이러한 의료비 부담 때문에 병을 앓고 있지만 '치료비가 없어서' 아무 조치도 못하고 있는 노인이 29%에 이르고 있는 것으로 조사됐다. 게다가 고령화가 진행될수록 신체적 질병뿐만 아니라 정신적 질병인 치매에 걸린 노인이 급속하게 증가하고 있어 노인자신은 물론 그 가족들에게도 많은 고통을 주고 있다.

현행 노인관련 의료보험제도는 만성질환의 유병구조가 특징인 노인

성 질환의 관리에는 적합하지 않다는 점과, 본인부담금 상한제를 도입
할 필요와, 재가 노인을 위한 각종 의료서비스 체계가 확립되어야 한다
는 점 등이 지적되고 있다. 신체·서비스 부양은 가족성원 중 주로 여
성이 노인의 부양을 담당해왔으나 기혼여성의 사회진출이 높아지면서
가족 내에서 노인을 부양할 사람이 없어지는 추세다. 그리고 여성가족
원들의 경우 가사, 자녀교육과 양육, 직업호라동 등의 역할에 노인부양
자로서의 역할이 추가적으로 부여됨으로써 이들의 부양부담이 가중될
위험성이 있다(Atchley, 2000). 앞으로는 노인 가족을 지원하는 제도적
방안의 확립과 함께 가족부양을 사회적 부양으로 대치하도록 정책적
노력을 해야 할 것이다.

3) 정서적 문제

  사회적 역할상실, 심리적 소외감 및 고독감 등에서 오는 정서적 문
제이다. 노인들은 직장은퇴, 자녀와의 분리 및 배우자 사별 등으로 인
한 역할 상실과 산업화, 정보화에 따른 가치관의 혼돈, 게다가 경제적·
신체적 장애를 겪게 되고 사회중심부에서 사회주변부로 밀려나는 위치
로 전락하면서 심리적으로 소외감과 고독감 등으로 어려움을 당하게
된다. 이러한 역할 상실, 소외감과 고독감 등은 노인개인의 자아개념과
사회적 정체성의 혼란을 가져오고 노년기 사회적 적응성의 곤란을 유
발시키고 있다(현외성 외, 1998). 심지어 노인들은 정서적 장애가 심화
되고, 이에 따른 부적응 문제가 누적되면 자살이라는 극단적인 방법을
택하기도 한다. 우리사회에서는 이러한 자살을 노년기와 관계가 없는
것으로 간주해왔다. 그러나 노년기에는 직업적 역할상실과 경제적 어려

움, 신체 및 정신적 능력의 장애나 질병, 사회적 관계망의 위축과 사회
적 소외, 배우자 상실, 우울증 등의 다양한 상실과 스트레스로 인하여
자살의 위험이 높아진다(Blaza & Koenig, 1996).

2005년 7월 21일 통계청 자료에 의하면 고령자 자살은 사망순위 7
위에 해당되며, 인구 10만 명당 72.5명(2003년)으로 계속 증가하고 있
는 추세이며, OECD국가 중에서 우리나라가 노인 자살률 1위라는 부
끄러운 현실 앞에 있다. 상당한 정책적 관심과 연구가 진척되고 있고
사회보장체제로서 해결이 가능한 경제적·신체적 문제와는 달리, 노인
의 정서적 문제는 선진국에서도 해결하기 어려운 과제로 남아 있다.

이와 관련하여 정부의 노인정책의 특징을 살펴보면, 노인 개인의 심
리적 차원의 정책보다는 물리적·환경적 차원의 정책입안이 보편적으로
이루어지고 있는 것으로 볼 수 있다. 즉 노년기에 겪게 되는 심리적
갈등 및 스트레스를 해결할 수 있는 개인 내면적 차원의 접근정책은
매우 빈약한 상태라고 할 수 있다. 이렇게 볼 때 정서적 문제를 포함
한 노인문제를 해결하기 위한 방안으로서 상담의 중요성은 더한다 할
수 있다.

4) 사회 참여적 문제

오늘날 노인의 평균수명이 연장되면서 여가시간을 선용하고 사회성
을 높이며 건강하고 질 높은 삶을 누리기 위한 노인의 사회참여 욕구
가 높아지고 있다. 노인의 사회참여는 그 자체로서도 의미가 있지만,
노년기의 정서적 문제를 해결할 수 있는 한 영역으로서 자리잡고 있다
(Kelly, 1996).

노인의 사회참여를 확대시키기 위해서는 두 가지 방법으로 접근할 수 있는데, 즉 노인의 인력을 사회적으로 활용하는 방법과 노인에게 여가문화서비스를 공급하는 방법이다.

먼저, 노인의 인력을 활용할 수 있는 대표적인 방법으로 노인의 자원봉사 활동을 촉진시키는 것이다. 자원봉사활동을 통하여 노인 자신도 사회적으로 필요한 존재라는 것을 인식하고 자신감을 회복하고, 또 많은 사람들을 접촉함으로써 현실감각도 생기고 무엇보다도 역할 상실로부터 오는 소외감 및 고독감을 어느 정도 해소할 수 있다. 따라서 지역사회는 노인의 사회참여가 쉽게 이루어질 수 있도록 노력하고 정부는 정부대로 노인의 사회참여를 촉진시키기 위한 실질적인 지원책을 강구할 필요성이 증대되고 있다.

또한 노인의 여가문화는 간과할 수 없는 노인복지 영역이다. 노년기 여가활동 패턴의 변화에 관한 Gorden 등(1976)의 연구에 의하면, 노년기가 되면서 여가시간을 연장되지만 여가활동의 범위와 참여도는 오히려 축소되어 70대 노인의 경우 20대의 여가활동 참여도의 1/4 정도 수준으로 낮아지는 것으로 나타났다. 지금까지는 여가문화의 영역이 개인의 영역으로 방치되어 왔으나, 앞으로 노인의 여가문화는 복지국가의 실천적 차원에서 접근해야 하는 복지적 과제임에 틀림없다. 그런데 문제는 한국에 사는 노인들은 여가문화를 즐길 수 있는 다양한 시설과 프로그램이 부족하다는 것이다. 현재 한국에서 여가문화시설로는 경로당이나 노인복지회관, 노인교실 등이 있는데 이러한 시설 자체는 양적으로도 부족하고, 시설의 프로그램도 빈약하다는 것이 문제로 제기되고 있다. 아무리 많은 여가시간이 주어진다 하더라도 시설과 프로그램이 부족하면 유용한 활동을 할 수가 없다(박재간, 2003).

예를 들어 종로 3가 탑골공원이나 지하철역 내에 가면 많은 노인들이 특별한 오락거리도 없이 삼삼오오 몰려 앉아, 주로 잡담과 음주거리로 소일하고 있는 모습을 흔히 볼 수 있다. 이것이 우리나라 노인들의 사회참여활동의 현주소라는 것을 부인할 수 없다. 우리가 지향해야 할 복지시대의 개념은 물질적 욕구충족은 물론이고, 정신적 삶의 영역까지 포괄하는 국민 복지정책을 확대시켜 나가야 할 것이다. 그러기 위해서는 노인 여가 참여활동을 촉진하는 실질적인 지원정책과 행정지원체계가 시급히 마련되어야 할 과제라 할 수 있다.

제2절 노인상담:
의의, 영역, 유형, 방법, 실태 및 논의

1. 노인상담의 의의

노인상담이란 도움을 필요로 하는 노인이 전문적 훈련을 받은 상담자와의 대면관계6)를 통해 자신의 개인적·가족적·신체적·경제적 문제를 해결함과 더불어 감정, 사고·행동측면의 인간적 성장을 통해 효

---

6) 여기서의 대면관계란 내담자와 상담자가 직접 만나서 상담을 하는 면접상담뿐만 아니라 전화 및 컴퓨터통신 등을 통한 전화상담 및 사이버 상담도 포함된다고 봐야 한다.

과적으로 노후생활을 영위하도록 돕는 과정(김태현, 1985: 14)을 의미
한다. 즉 상담과정을 통해 노인들이 문제를 보다 쉽게 해결하여 노인들
로 하여금 편안한 노년의 생활을 영위하는 것을 돕는 활동이 노인상담
의 핵심이다(Burlingame, 1995).

　　노인복지실천에서 노인상담은 노인이 직면한 심리사회적 문제를 직
접 해결하는 치료적 기능뿐만 아니라 노인문제 해결을 위한 다른 서비
스나 원조의 매개체로서의 기능도 지니고 있다(McDonald, 1996).

　　노년기에 접어들면 이전과 다른 성격적 특성들이 나타나는데, 첫째,
우울증 경향이 증가한다. 노년기의 개인이 직면하는 여러 가지 개인적,
가족관계적 및 사회적 스트레스는 노인의 우울증을 증가시킨다. 둘째,
내향성 및 수동성이 증가한다. 노화해감에 따라 사람은 사회적 활동이
점차 감소하고 활동방향을 외부보다는 내부로 돌리는 행동양식을 갖게
된다. 셋째, 경직성과 조심성이 증가한다. 경직성이란 융통성과 반대되
는 것으로 어떤 태도·의견, 그리고 문제해결 장면에서 그 해결방법이
나 행동이 옳지 않거나 이득이 없음에도 불구하고 옛날과 마찬가지 방
법을 고수하고 지속하려는 경향을 말한다. 넷째, 성역할 지각의 변화가
나타나 양성성이 강해진다. 이는 중년기 이후부터 시작되는 현상으로
남자노인들은 점점 여성적이고 수동적이 되어가며, 반대로 여자노인들
은 오히려 능동적이고 권위적이 되어간다. 다섯째, 친근한 사물에 대한
애착심이 커진다. 노인이 될수록 오랫동안 사용해 온 물건에 대한 애착
심이 증가한다. 이러한 물건들은 노인으로 하여금 자신이 지나온 세상
과 세월은 변했을지라도 자신의 주변은 변하지 않는 것으로 생각함으
로 정서적 안정감을 유지하려는 것이다. 여섯째, 유산을 남기려는 마음
이 강해진다. 일곱째, 의존성이 증가한다. 노인은 신체적 및 경제적 의
존성이 강해지는데 이는 정상적인 현상이다(현외성 외, 1998).

이와 같이 노인은 가족과 사회로부터 소외감과 고독감, 상대적 박탈감 등을 느끼고 갈등을 경험하게 된다. 한국노인의 상대적 박탈감은 가족 관계뿐 아니라 조기 퇴직과 사회참여 프로그램의 미비 등으로 국가와 사회로부터 소외되었다는 느낌과 더불어 역할 상실감도 같이 포함되어 있다고 말할 수 있다. 그 이유는 이미 국가에서 시행하고 있거나 시행할 노인관련 여러 정책들과 사회의 구성원들이 노인의 의·식·주 부분에 있어 많은 도움들을 주고 있지만, 인간으로서 기본적인 심리사회적 욕구를 충족시켜주기에는 매우 어려운 현실이기 때문이다. 그러므로 사회적으로 나타나는 많은 노인문제들이 다양한 정서적 영역인 부분에서 발생하고 있다. 이와 같은 상황에서 가족원보다는 친구나 이웃이 사회적 역할을 상실해 가는 노인들에게 노년기 적응 및 사기 고취에 긍정적 영향을 준다고 하나, 이러한 1차 집단의 비공식적인 관계망을 통한 지지는 양과 질이 떨어질 수밖에 없으며, 자연히 전문상담원과 같은 공식적 관계망을 통한 지지와 지원의 필요성이 증대하고 있다(현외성 외, 1998).

비록 현재 정서적인 부분을 해결할 수 있는 전문가와 전문시설이 절대 부족하긴 하지만 추후 노인상담 영역이 차지하는 비중은 여타 다른 상담들에 비해 버금가는 큰 영역을 차지할 것으로 보인다. 그러므로 이러한 시기에 정부의 전문 상담 행정체계를 구축하는 것은 시대적인 요청이다.

2. 노인상담의 영역

Thorman(1995)은 노인상담의 목표를 자아존중감의 증진, 문제해결 능력의 향상, 상실에 대한 대처, 위기상황의 해결, 스트레스의 감소와 대처능력 제고라고 하였다.

노인상담의 목표가 성공적 노후생활 적응이라는 점을 고려해 볼 때, 노인상담의 영역은 현재 노인에게 가장 문제시되는 해결과제인 경제적 문제·신체적 문제·정서적 문제·사회참여 문제 등을 해소하기 위한 수단으로서 다음과 같이 분류할 수 있다. 즉 노인상담의 영역[7]은 노인 문제의 영역에 따라 크게 ① 소득보장 ② 의료보장 ③ 사회적 서비스 보장 등으로 나눌 수 있다. 소득보장은 앞서 분류한 노인문제 중 경제적 문제의 해결을 위한 것이고, 의료보장은 건강관리의 문제해결을 위한 것이며, 사회적 서비스 보장은 역할상실과 여가문제 및 심리적 소외와 고립의 문제를 해결하기 위한 것이라 할 수 있다(최일성 외, 1995). 이와 같은 소득보장, 의료보장, 사회적 서비스 등을 설명하면 다음과 같다(정길홍, 2006).[8]

1) 소득보장

우리나라의 노인문제 중에서 가장 심각하고 시급한 문제는 경제적

---

7) 실제적으로 한국 노인의 전화에서 1999년부터 2003년까지의 상담내용을 통계 처리한 결과 취업문의, 시설문의, 가족관계문의, 사회심리관계문의 등의 순으로 나타났다.
8) 이하는 정길홍(2006)을 인용.

문제이다. 이를 해결하기 위한 구체적 수단을 소득보장 프로그램이라고 하는데 소득보장 프로그램에서는 금품을 직접 제공하는 직접소득보장 프로그램과 금품을 직접 제공하지는 않지만 같은 효과를 도모하는 간접소득보장 프로그램이 있다. 직접소득보장에는 공적 보장, 공적 부조, 사적 보장 등이 있고, 간접소득보장에는 경로우대, 노인고용, 생업지원, 세제혜택 등이 있다(<표 2-2> 참조).

2004년 현재 공적연금수급자(13.9%)와 국민기초생활수급자를 다 합쳐서 22.5%에 불과한 실정이어서 이에 대한 정부의 적극적인 관심과 노력이 필요하다.

<표 2-2> 노인 소득보장 프로그램

	구 분	프로그램
직접소득보장	공적 보장	국민연금, 공무원연금, 군인연금, 사학연금
	공적 부조	기초생활보호, 기초노령연금
	사적 보장	퇴직금제도
간접소득보장	경로우대	공영시설 이용료 할인, 버스 승차권 지급
	노인고용	노인취업 알선센터, 노인공동작업장
	생업지원	매점설치 우선권
	세제혜택	상속세 공제, 소득공제

(1) 연금제도

전 국민을 대상으로 하는 노후소득보장제도로 1988년에 도입된 국민연금제도는 2005년부터 지역구분 없이 소득의 월 9%를 보험료로 납부하고 있다. 국민연금은 일종의 사회보험으로 20년 이상 납입하고, 60세가 되었을 때 사망 시까지 일정액을 지급받는 연금제도로서 급여형태는 노령연금으로 완전노령연금, 감액노령연금 등으로 구분된다.

(2) 국민기초생활보장

2000년 10월에 재정된 국민기초생활보장법은 공적부조제도로서 저소득층, 실업자, 노인 등을 지원하여 빈곤문제에 대한 사회안전망의 기초를 강화하고, 빈곤의 장기화를 방지하는 데 목적이 있다. 급여의 종류로는 생계급여, 의료급여, 자활급여 등이 있다.

(3) 경로연금

1988년 8월 도입된 경로연금제도는 현제 65세 이상으로 생활보호대상자이거나 본인과 부양의무자의 소득 및 재산이 대통령령이 정하는 금액 이하인 자에게 적용되며, 전액 지급되면 월 3만 5천 원, 감액 지급되면 월 2만 6천210원이 지급되고, 기초생활보호대상자 노인 중 80세 미만은 월 4만 5천 원, 80세 이상은 월 5만 원이 지급되고 있다.

(4) 경로우대제도

65세 이상 노인은 지하철, 고궁, 국·공립박물관 및 공원을 무료로 이용하고, 철도(통일호 이하)요금은 50%의 할인율이 적용된다. 또한 시내버스 승차권 12매 이상에 해당하는 금액이 매분기 첫 월 20일에 개인계좌를 통해 지급되고 있다.

(5) 노인고용

1992년 7월부터 실시된 '노인고용촉진법'에 의해 노인취업 알선센터, 고령자 인재은행, 노인공동작업장 등을 통해서 노인취업을 알선하고 있으며, 특히 30인 이상의 사업장에 대해서는 55세 이상인 자를 3% 이상 고용하도록 권장하고 있다. 그러나 고령자 취업은 의무사항이 아닌 단순히 권장사항이기 때문에 실효성에 문제가 있다.

(6) 생업지원

노인복지법에 의거 국가, 지방자치단체 및 기타 공공단체가 설치·관리하는 공공시설 안에서 매점, 자동판매기 설치를 허가 또는 위탁할 때는 65세 이상 노인에게 우선권을 주도록 노력하고, 65세 이상 노인이 담배소매인과 홍삼 류 판매인 지정신청을 하는 경우 우선권을 주도록 노력하는 것으로 규정되어 있다(최일섭 외, 1995). 그러나 이는 법률상의 규정에만 있을 뿐 거의 시행되지 않고 있다.

(7) 세제혜택

세제혜택은 노인에게 제공하는 직접적인 혜택이 아니라 노인과 동거 또는 부양하는 가족에게 제공하는 간접적인 혜택이다. 즉 조세특례제한법에 의거 3대 이상 대물림한 주택이나 5년 이상 노인과 동거하는 가족의 경우 주택상속세 공제, 65세 이상의 노인을 부양하는 자에 대한 경로우대제공, 직계존속과 2년 이상 동거하는 세대주에 대한 주택자금 할증 지원 등이 있으나, 그 혜택이 미미하여 실제적 소득보장 기능은 미약하다.

2) 의료보장

노인 문제 중에서 경제적 문제 다음으로 심각한 문제가 신체적·건강문제이다. 이를 해결하기 위한 구체적 수단으로서 의료보장 프로그램이란 질병의 진료와 간호보호 및 의료서비스에 접근할 수 있는 서비스를 제공하기 위한 사회적 노력이다. 의료보장 프로그램에는 공적 보장으로서의 건강보험과 공공부조로서의 의료급여(의료비보조 프로그램), 노인건강진단, 방문간호사업 등이 있다. 65세 이상 노인의료비가 전체 의료비에서 차지하는 비중이 1990년 10.8%에서 2002년 19.3%, 그리고 2004년 22.9%로 크게 증가하고 있어 의료보장지출의 급속한 증가를 가져오고, 국가재정에 적지 않은 부담을 주고 있다(건강보험심사평가원, 1990, 2002, 2004).

(1) 건강보험

의료보험은 질병, 상해, 분만 등으로 말미암아 드는 비용이나 수입 감소에 대한 보상을 목적으로 하는 보험제도로서 우리나라의 건강보험 체계의 중핵을 이루고 있다. 1977년에 공무원·사립학교 의료보험, 직장의료보험이 실시되고, 1981년 지역의료보험이 실시됨으로써 전 국민 의료보험시대가 개막되었으며, 2007년 7월 이러한 세 가지 의료보험을 통합하여 오늘날의 국민건강보험제도로 전환되었다.

(2) 의료급여

의료급여란 생활유지능력이 없거나 생활이 어려운 저소득 국민에 대하여 국가 및 지방자치단체 재정으로 의료문제 해결을 보장하는 공적부조 제도이다. 이 제도는 1979년 의료보호제도로 시작하여 2001년 10월 의료급여제도로 변경되었는데, 적용대상을 1종(근로무능력자(65세 이상자, 중증장애인, 3개월 이상 치료·요양자 등) 구성세대인 기초생활자, 국가유공자) 및 2종(1종 수급자 제외한 국민기초생활보장 수급자) 등으로 구분하여, 치료비용의 부담은 1종에 대해서는 급여비용의 전부를 국가에서 부담, 2종에 대해서는 진료기관 및 종류에 따라 차등적으로 정부와 본인이 부담하도록 되어 있다. 2004년 12월 현재 수급권자 수는 1,540,808명으로 전체인구의 3.2%를 차지하고, 이 중 1급 수급권자 수는 60.4%를 차지하고 있다(보건복지부, 2005).

(3) 노인건강진단

노인건강진단 사업은 질병의 조기 발견 및 조기 치료를 통한 노인의 건강 유지와 증진을 통하여 건강하고 활기찬 노후생활을 보장할 목적으로 노인복지법에 의하여 1983년부터 실시되고 있다. 노인건강진단은 65세 이상 국민기초생활보호대상 노인 중 노인건강진단 희망자에 한하여 실시한다. 그러나 건강진단에 대한 후속조치의 미흡으로 노인건강진단 본래의 목적에 부합하는 효과를 내지 못하고 있다.

3) 사회적 서비스보장

최근 선진국의 경우 노인들의 정서적, 사회 참여적 문제에 대한 인식이 사회적으로 크게 높아지면서 소득보장 프로그램 및 의료보장 프로그램 등에 못지않게 사회적 서비스 프로그램에 대한 많은 관심과 노력을 기울이고 있는 추세이고, 우리나라 정부도 재가복지서비스 확대 등 이 분야에 깊은 관심과 정책적 배려를 하고 있다.

사회적 서비스란 사회·심리적 적응문제, 스스로 발전하고자 하는 욕구충족 문제, 일상생활에서의 신체적 독립을 유지하고자 하는 문제 등의 해결을 위한 비화폐적 서비스를 말한다. 사회적 서비스는 재가노인을 위한 재가복지서비스와 노인복지시설에 수용하여 서비스를 제공하는 시설복지서비스, 노인들의 사회참여를 위한 여가문화시설 확충 등으로

구분할 수 있다. 재가노인서비스는 낮 시간 동안 노인복지시설을 이용
하거나(주간보호서비스) 단기간 동안 일시적으로 시설에 수용보호하거
나(단기보호서비스) 집에서 외출이 어려운 노인들에게 각종 서비스를
날라다 주는 서비스(가정봉사파견서비스) 등이 있다.

시설복지서비스에는 노인을 복지시설에 수용하여 보호하기 위한 목
적으로 제공하는 서비스로 양로원과 요양원, 노인전문병원 등이 있고,
비용부담은 무료 및 실비, 유료 등 다양하다. 여가문화 시설로는 노인
복지회관, 경로당,9) 노인교실,10) 노인대학, 노인휴양시설 등이 있다. 요
새 우리나라 노인들은 조기퇴직 및 평균수명 연장, 자아발달에 대한 욕
구증대 등에 따라 여가문화 향유에 대한 욕구와 관심은 높아지는데, 현
실적으로 노인들이 시간은 많지만 마땅히 갈 곳과 소일거리가 없다. 물
론 부유한 노인들이야 해외여행, 골프 등 갈 곳과 할 것이 많겠지만,
대부분의 노인들은 그만한 경제적 능력이 없다. 이런 점에서 사회적 서
비스 프로그램 중 여가문화 프로그램의 개발 및 확대에 대한 사회적
관심과 정책적 노력이 요구된다.

(1) 가정 봉사원파견 서비스

가정 봉사원파견 서비스는 1987년에 민간기관(한국노인복지회)에서
최초 시작되었는데, 1992년부터 정부의 재정지원을 받아 지역사회 노인
복지관을 중심으로 자원봉사 가정봉사원이 활동하고 있다(최일섭 외,
1995). 가정봉사원 파견 서비스는 질병, 장애, 노약 등으로 혼자서 일상

---

9) 2005년 현재 경로당은 50,677개소가 있으며, 이용노인수는 210여만 명
   으로 전 노인의 51% 정도에 이른다. 이는 일명 노인정이라고도 불리며,
   우리나라 노인들이 가장 많이 이용하는 여가시설이다.
10) 노인교실이란 노인교육전담기관, 대학, 사회 및 종교단체, 개인 등이 설
   립·운영하는 노인교육시설을 말한다. 이 노인교실은 대개 교육이나 여가
   활동 프로그램을 겸해서 실시하고 있다(황진수, 2005).

생활을 수행하는 능력에 지장이 있거나, 독거노인으로서 일상생활 서비스가 필요한 자 등을 대상으로 행해지고 있다. 특히, 지난 5월부터 정부의 주도로 거동이 불편한 노인을 위한 가정 봉사원파견 사업의 일종인 '노인 돌보미 바우처(voucher)' 사업이 시행되고 있다. 이 제도는 중산층 이하 가정 중 혼자 활동하는 데 어려움을 겪고 있는 노인들에게 가정봉사원을 파견해 식사, 목욕, 청소, 세탁, 외출, 생필품 구매 등을 도와주는 것이다. 신청대상은 만 65세 이상 노인을 둔 가구로 소득수준이 전국 월평균소득의 80% 이하이고, 치매, 중풍 등 중증질환을 앓고 있는 노인층이다. 전국 월평균소득은 1인 가구의 경우 118만 7,000원, 2인 가구는 217만 2,000원이다. 지원대상자로 선정돼 본인이 한 달에 3만 6,000원(15%)을 내면 20만 2,500원(85%)을 지원해 모두 23만 8,500원의 서비스 이용권이 제공된다. 서비스 이용료는 기본 2시간에 2만 1,000원, 1시간 추가 시 5,500원으로 산정된다. 주말을 제외한 월~금요일 아침 8시부터 저녁 8시까지 주 2~3회 서비스를 받을 수 있다.

(2) 주간보호서비스

주간보호(시설)서비스는 부득이한 사유로 가족의 보호를 받을 수 없는 심신이 허약한 노인과 장애노인을 낮 시간 동안 시설에 입소시켜 필요한 각종 편의를 제공하는 서비스로서, 주간보호시설에서 제공하는 서비스에는 생활지도 및 일상동작훈련 등 심신의 기능을 위한 서비스, 급식 및 목욕서비스, 취미·오락·운동 등 여가생활 서비스 그리고 노인결연에 관한 사항과 이용노인 가족에 대한 상담 및 교육 등이 있다. 주간보호시설 이용대상은 가정봉사원 파견대상노인과 동일한 기준이 적용되며, 국민기초생활보장 수급권자에게는 무료서비스, 도시근로자 월평균소득 미만인 저소득층에게는 식비 등 서비스내용에 따라 실비 징수가 가능하다.

(3) 단기보호서비스

단기보호서비스는 부득이한 사유로 가족의 보호를 받을 수 없어 일시적으로 보호가 필요한 심신이 허약한 노인과 장애노인을 시설에 단기간 입소시켜 보호하고 필요한 각종 편의를 제공하는 서비스이다. 단기보호시설에서 제공하는 서비스는 주간보호서비스의 내용과 별 차이가 없다. 단기보호시설 이용대상은 가정 봉사원파견 대상노인, 주간보호 이용노인과 동일한 기준이 적용되며, 국민기초생활보장 수급권자에게는 무료서비스, 도시근로자 월평균소득 미만인 저소득층에게는 식비 등 서비스내용에 따라 실비징수가 가능하다. 단기보호시설의 보호기간은 45일 이내로 하되, 연간 이용일수는 3개월을 초과할 수 없다.

(4) 노인복지회관

노인복지회관은 무료 또는 저렴한 요금으로 노인에 대한 각종 상담에 응하고, 건강증진, 교양, 오락, 기타 노인의 복리증진에 필요한 편의를 제공하며, 이용이 불편한 노인에 대해서는 재가복지사업도 실시하고 있다.

3. 노인상담의 유형

노인상담은 대상자에 따라 개인상담, 집단상담, 가족상담 등으로 분류할 수 있다(박차상 외, 2005).

개인 상담이란 한 명의 노인과 한 명의 상담자가 일대일로 만나는 형태로 노인이 자신의 문제를 가족이 알리기 꺼리거나, 가족구성원이

상담과정에 참여하기 어려울 때 활용된다. 개인상담은 또한 문제가 위급하거나 원인과 해결이 복잡하고, 노인과 관련된 사람들의 신상을 보호할 필요가 있을 때, 그리고 집단에서 노인이 공개적으로 발언하는 것을 두려워 할 때 적당하다(이장호 외, 1998, 모선희 외, 2005).

　가족상담은 노인이 경험하는 문제를 노인만의 문제가 아니라 전체 가족문화로 규정하고, 가족들 간에 직접적 상호작용을 통하여 문제해결과 가족관계의 변화를 도모하는 상담이다. 특히, 노부부갈등, 황혼이혼, 노부모와 자녀 간에 가치관 갈등이나 관계 악화, 성인자녀 가족의 문제 등을 해결하는 데 적당하다. 이러한 가족상담은 가족 구성원들 간에 감추어 두었던 감정을 표현할 수 있는 기회를 제공하고, 다른 대안을 찾을 수 있는 기회를 제공하므로, 가족문제의 해결과 가족구성원 간의 결속력 증진에 매우 유용한 방법이다. 특히 노인들은 자신의 감정을 표현하기 보다는 참고 사는 경우가 많기 때문에 노인의 감정이나 생각을 자발적으로 표현할 수 있도록 하는 것이 노인 가족을 대상으로 한 상담에서 매우 중요하다. 가족상담은 전체구성원들 사이에 이루어지는 현재의 상호작용을 관찰하여 이를 변화시킴으로서 가족의 근본적 문제를 해결하는 방법으로 전체구성원이 참여하는 것이 원칙이다. 그러나 일부 가족성원만을 대상으로 상담을 할 수 있으며, 필요에 따라서는 개인 상담이나 부부상담의 방법을 동시에 활용할 수도 있다(권중돈, 2005).

　집단상담은 지역사회 및 노인시설 등에서 주로 사용되는 것으로 노인들의 의존욕구를 장점으로 이용하는 것이다. 이 상담은 어떤 문제를 토의하는 집단, 집단구성원 간의 상호작용을 통한 개인의 변화를 추구하는 집단, 자신의 자립성이나 긍정적인 감정을 증진할 수 있도록 준비된 집단 등 그 유형이 다양하다. 또 집단은 각대상자의 능력에 맞추어 현실적인 목표를 가지게 함으로써 그 결과 집단의 결합이 형성되도록 한다. 이 상담에 의해 노인의 증상이 좋아지는 것은, 주로 집단 지도자가 노인에게 주의를 기울이는 효과와 관계가 있다. 그러나 집단상담은 긍정적인 결과와 함께 부정적인 결과도 발생할 수 있는데, 즉 내담자가 자신을 평가 절하할 수 있고, 시설수용으로 외부와 격리됨으로써 자기 파괴성을 증가할 수도 있다. 집단상담은 노인을 현실세계나 다른 사람들과 계속 접촉하게 하기 위하여, 신체적·정신적 문제로 인하여 사회에서 이탈된 노인을 재결합시키기 위하여, 개인의 성장과 강화를 위하여, 새로운 학습과 생존을 위하여, 삶의 질 향상을 위하여 흔히 사용하는 기법이다(권육상, 2005).

4. 노인상담의 방법

노인상담은 상담매체에 따라서 면접상담, 전화상담, 전화방문서비스 등으로 분류할 수 있다. 면접상담이란 노인이 직접 상담자와 대면하여 일대일로 상담을 하는 기본적 형태다. 면접 상담은 상담자 앞에서 내담자가 직접 자신의 문제를 노출하는 심리적 부담이 있고, 상담자를 찾아가는 자발적 의지를 필요로 한다. 노인들의 경우 상담자를 스스로 찾아오는 것이 쉽지 않고 자발적 동기가 부족하여 특히 우리나라 고정 관념상 노인들의 내방상담은 그렇게 보편적이지 않다(박차상 외, 2005).

그러나 면접상담은 상담자가 내담자의 언어적 표현뿐 아니라 비언어적 메시지와 그 밖의 상황에 대한 직접적인 관찰을 가능하게 하므로 정확성을 살려 효율적으로 상담을 이끌어 갈 수 있다. 또한 면접상담은 다양한 상담기법을 활용하여 필요한 상황에 따른 다양한 적용을 가능하게 하므로 면접을 위한 동기가 부여될 수 있도록 여건을 만들어 주고, 필요시 가정방문을 통해 대면 관계가 성립되면 가장 바람직한 서비스를 제공할 수 있는 장점이 있다.

전화상담은 전화매체를 활용하여 신속하게 노인의 위기에 개입하는 상담의 한 형태다. 익명성과 편리성, 즉시성과 같은 전화상담의 특성들은 거동이 불편하거나 직접 대면하여 자신을 밝히고 싶지 않은 노인들에게 적합한 상담매체가 될 수 있다. 전화상담은 노인만을 대상으로 하는 것이 아니라 노인이 속한 가족이나 친척 등 비공식적 지지 망이나 그 밖에 노인과 관련이 있는 일에 종사하는 사람 등 누구든지 노인과 관련된 문제를 체면에 개의치 않고 상담할 수 있는 개방통로다. 특히 치매나 중풍 등 만성질환을 가진 노인을 수발하는 부양자는 일부러 시간을 내서 상담하기가 곤란하므로 즉각적인 정보 입수를 위해 유효성을 지닌다. 그러나 전화를 통해 모르는 상담자에게 자신의 문제를 말한다는 것이 신뢰감을 가지지 못하게 할 수도 있다. 또한 대면적 관계와는 달리 목소리만으로 전달되는 감정에 대한 이해가 어려운 단점이 있다(박차상 외, 2005).

전화방문서비스는 사회복지기관에서 정기적인 전화 문안을 통해 노인들의 가정적·사회적 단절과 소외를 해소하고, 유사시 필요한 조치를 취할 수 있게 하는 능동적 대인 복지서비스다. 즉 전화방문서비스는 독거노인이나 노인 단독가구 등 고독한 노인에게 적극적으로 말벗 기능을 제공하여줌으로써 심리적 소외를 완화시켜 준다. 서로 안부를 주고받음으로써 그들의 지역사회의 관심 속에 있다는 사실을 인식시켜주고 숨겨진 욕구를 드러내게 하며, 위기발생을 알려주는 기능을 한다.

5. 노인상담의 실태 및 논의

노인상담서비스 활동은 다른 상담에 비해 활성화가 안 되어 있다고 할 수 있다. 노인복지법(제7조)에 따르면, 노인복지를 위한 상담 및 지도업무를 담당하기 위하여 시·군·구에 노인상담원(사회사업복지법시행령<제11조>)에서 노인상담원의 자격을 사회복지사 3급 이상의 자격증 소지자로 규정하고 있다)을 두도록 되어 있으나, 실제로는 전문상담원 없이 일반 행정직직원이 상담업무를 겸임하고 있어 상담활동이 거의 이루어지지 않고 있다. 노인복지법에서 구분하고 있는 각종 노인복지시설에서는 별도의 노인상담인력이나 시설이 마련되어 있지 않으며, 각종 노인복지시설에서는 현업에 종사하는 직원에 의해 부분적으로 행해지고 있다(김태현 외, 2000). 1987년부터 사회복지사 자격증을 가진 자 중 광역자치단체가 별정직 공무원으로 선발된 사회복지전문공무원이 읍·면·동에 보통 1~2명씩 배치되어 주 업무인 국민기초생활보장 업무 외에 부분적으로 노인들의 상담업무에 응하고 있으나, 이 역시 사회복지업무 이외에 일반 민원·행정업무 등 잡무가 많아 상담업무가 제대로 이루어지지 않고 있다. 게다가 사회복지전문요원이 노인상담서비스 업무 수행에 있어서 현실적으로 노인들의 복잡 다양한 욕구 및 문제에 대처하는데 노인 및 노인문제에 대한 전문지식이 부족하여 상당한 애로사항을 겪고 있고, 특히 노인들의 심리사회적 욕구를 충족시킬 수 있는 전문성이 없어 그나마 시설안내정도의 상담이 대부분인 것이 노인상담서비스의 현주소라 할 수 있다. 실질적으로 노인상담에 응하고 이에 필요한 정보와 프로그램을 제공하는 노인상담서비스는 일부 노인(전화)상담소를 중심으로 전개되는데 그쳐 타 상담에 비해 활동이 매우 미약하다고 볼 수 있다. 이런 점에서 노인상담의 활성화와 확대되는 상담수요에 대비하기 위하여 다른 상담소들 예를 들면 여성상담소, 청소년상담소, 아동상담소 등에 비해 활성화가 되어 있지 않은 노인상담전문기관의 적극 설립과 육성 대책이 필요한 시점이라고 할 수 있겠다. 그러나 아동이나 청소년, 여성을 위한 상담소가 법적·제도적 영역에 포함되어 있는 반면, 노인을 위한 전문상담소는 행정적 지원시스템이 거의 없는 실정이다. 이를 위해 정부의 제도적·행정적·재정적 지원과 홍보가 적극 뒷받침돼야 할 것이다(권중돈, 2005).

노인상담은 관여해야 하는 상담활동의 범위가 타 상담에 비해 상대적으로 광범위하다. 노인은 사회적·가족적 역할상실과 이에 따른 소외감과 고독감 및 경제적 능력 상실, 노화에 따른 육체적·심리적 기능 약화, 노년기에 나타나는 노인의 성격 특징으로 우울증의 증가·내향성의 증가·역할 지각의 변화·조심성의 증가·애착심 및 의존성의 증가(권육상, 2001: 571-579), 그리고 죽음을 맞이하는 입장에서 자신의 삶을 회고하고 후회·용서·화해·수용의 과정 등 인생의 어느 발달시기보다 노년기에는 사회심리학적 특성을 갖고 있다. 더군다나 앞으로 전문성이 요구되는 노인 성 문제, 노인 알코올 문제, 노인 황혼 이혼 등의 문제가 노인문제로서 크게 부각될 것이다(이호선, 2005). 따라서 이와 관련된 노인문제들을 해결하기 위해서는 법률적·사회 심리적·경제적·의료적 정보와 지식에 대한 어느 정도의 전문성과 자격요건을 갖추고 있어야 한다. 그러나 현재의 사회복지사 자격부여가 너무 포괄적 기준으로 되어 있어 상담서비스의 다양성에 대응하기에는 한계가 있으므로 현재 이른바 이름뿐인 노인복지상담사제도를 활성화한다는 차원에서 가칭 '노인복지상담사법'을 제정하여 수혜자 중심의, 현장 중심의, 미래지향적인 측면에서 앞으로 수요가 크게 늘어날 노인상담서비스업무 수행자에 대한 자격요건을 별도로 마련해서라도 노인상담서비스의 전문성을 확보할 필요가 있겠다. 아울러 현재 읍·면·동에 근무하고 있는 사회복지전문요원의 전문성을 확보하기 위한 일환으로 현재 상부의 지침과 하달을 그대로 집행하는 현행 전달체계를 재조정하여 이들이 운영주체가 되어 자율성과 책임성을 가지고 노인상담서비스 업무에 임할 수 있도록 권한의 재분배 및 역할분담이 이뤄질 필요가 있겠다. 이와 함께 지방자치단체차원에서 사회복지직렬이 마련되어 이들이 그 직무체계 내에서 승진의 기회도 갖고, 전문가로서의 자부심도 가질 수 있도록 정책적 배려와 실천이 요구된다.

  이러한 상담서비스업무의 권한의 재분배와 역할분담과 관련하여 상담서비스기관의 상담재원의 구성이 어떠한지가 매우 중요하다고 생각된다. 즉 상담재원의 구성 중에서 자체조달이 아닌 중앙정부나 지방자치단체의 보조금이 큰 부분을 차지한다면 지방자치단체나 민간복지기관이 자율권과 운영권이 제한을 받게 되고 결국 편의적으로 집행기능에 충실할 수밖에 없게 되어 지역노인의 욕구와 지역특성에 맞는 상담서비스를 제공하는 데 한계가 있다. 우리나라의 상부하달의 전달체계는 바로 중앙정부에서 지방자치단체별로 보조금이 배정되고, 이것이 광역자치단체를 통하여 지방자치단체로 하달되는 상담재원에 구성방법으로부터 비롯된다고 할 수 있다. 따라서 본격적인 지방자치시대를 맞이하여 지방재정과 민간재정은 서비스의 직접적인 조달자로서 노인의 욕구에 시기적절하게 부응할 수 있는 대응성을 갖고 있다는 점에서 상담서비스 운영권과 결정권의 재분배와 함께 국가재정 및 예산의 재분배도 실시되어야 할 필요성이 있다. 또한 지방자치단체는 한정된 가용재원에서도 상담서비스 지출을 늘릴 수 있도록 지방자치단체의 사업부문별 조정을 통한 지방자치단체 지출구조의 조정을 검토할 필요가 있다. 국고보조금과 지방교부금에 의존하고 있는 민간 복지기관도 자율적이고 지역특성에 맞는 프로그램을 개발하고 운영할 수 있기 위해서는 최대한도로 민간자금을 동원할 수 있는 다각적이고 심층적인 방법을 강구해야 할 것이다(김진희, 2006).

제3절 노인상담
서비스전달체계에 관한 이론적 고찰

1. 노인상담 서비스전달체계의 정의

1) 서비스전달체계의 정의

Gilbert & Specht(1986)[11]에 따르면 급여 및 서비스 전달체계란 서비스의 공급자와 소비자 간을 연결시키기 위한 조직적 배열(organizational arrangements)이라 할 수 있다. 이와 같은 전달체계는 좁은 의미에서는 공급자가 수혜자에게 일정한 장소에서 서비스를 직접 전달하는 집행체계라 할 수 있고, 넓은 의미에서는 전달자와 고객이 상호관계를 이루면서 서비스를 직접 전달하는 하부의 집행체계 이외에 서비스 전달을 기획, 지

---

11) Gilbert & Specht(1986)는 사회복지정책을 수립하고 서비스를 마련함에 있어 기본적으로 고려해야 할 요소로 서비스 전달체계를 주장한 바 있다(홍봉수, 2004).

시, 지원 및 감독하는 상부의 행정체계도 포함될 수 있다. 서비스 전달체계는 운영주체에 따라 공적 전달체계와 사적 전달체계로 분류할 수 있다. 공적 전달체계는 정부(중앙 및 지방)와 공공기관이 직접 관리·운영하는 것을 말하고, 사적 전달체계는 민간(민간단체)이 직접 관리·운영하는 것을 말한다. 하지만 공적 전달체계와 민간 전달체계를 확연히 구분하기 힘들다. 민간 전달체계에 소속되어 있는 대부분의 기관이나 프로그램 등이 공적 전달체계로부터 지원과 통제하에 있기 때문이다. 따라서 민간 전달체계가 공적 전달체계의 실질적인 집행 구조가 되어 있다고 말할 수 있다(김영종, 1998: 208). 특히, 서비스 전달체계는 전달체계를 구성하는 조직 간의 역학 구조 및 상호작용의 특성을 지니고 있다는 측면에서 그 전달체계를 구성하는 기관 간 관계에 따라 다음과 같이 분류할 수 있다.

즉 노인상담 전달체계의 조직은 국가기관 및 민간기관, 국가 및 민간의 혼합기관 등으로 이루어져 있다.[12] 이 중 전달체계의 대표적 조직은 국가기관이다. 국가기관은 중앙정부와 지방정부로 크게 구분할 수 있는데, 전달체계상 국가의 역할과 영향력을 고려해 볼 때 중앙정부와 지방정부의 관계설정이 중요하고 관계설정 여하에 따라 공공서비스 전달체계는 물론이고 사적 서비스 전달체계도 달라질 수밖에 없다. 이런 차원에서 중앙정부와 지방정부에 관한 '정부 간 관계이론'은 본 연구의 이론적 분석 틀 구축에 매우 유용한 자원으로 활용된다. Wright(1993)의 중앙과 지방의 관계에 관한 '정부 간 관계(intergovernmental relations: IGR)'이론에 따르면 정부 간 관계를 종속형·대립형·파트너형의 세 가지 모형으로 설명하고 있다.

첫째, 종속형은 중앙정부에 광역자치단체가 종속되어 있고, 다시 광역자치단체에 기초자치단체가 종속된다. 중앙정부만이 정책의 수립과

---

12) 이하는 김진희(2007)를 재구성함.

운영에 관한 결정권이 있을 뿐 광역자치단체나 기초자치단체는 결정권
이 없고 집행권만 있을 뿐이다.

　둘째, 대립형은 중앙정부와 광역자치단체는 대등한 관계를 유지하지만,
기초자치단체는 광역자치단체에 종속되어 있다. 미국의 정부 간 관계가
이에 해당된다. 즉 중앙정부인 연방정부는 물론이고 광역자치단체인 주정
부도 자치권이 있는데, 기초자치단체는 주정부의 결정에 따라야 한다.

　셋째, 파트너 형은 중앙정부, 광역자치단체, 그리고 기초자치단체가
동반자적 관계를 유지한다. 중앙, 광역, 그리고 기초 정부는 각각의 뚜
렷한 고유영역을 가지고 있지만 서로 간에 공동으로 정책에 접근하기
도 한다. 정부 간 관계로 볼 때 가장 이상적인 모형이라 할 수 있다.
라이트에 의한 정부 간 관계모형에 따라 다음 그림과 같이 전달체계도
달라진다.

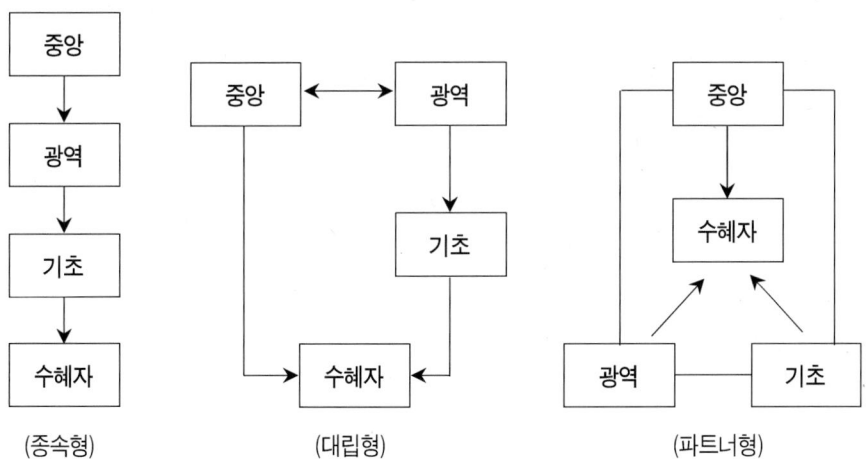

〈그림 2-1〉 정부 간 관계모형과 전달체계

<그림 2-1>(김진희, 2007)과 같이 종속형은 중앙정부에서 편성된 급여 및 서비스를 광역자치단체를 경유하여 기초자치단체로 하달되고, 최종적으로 기초자치단체에서 수혜자에게 전달된다. 광역단체나 기초단체는 의사결정권이 최소화되어 있는 것이 특징이다. 대립형은 중앙정부와 광역단체가 독자적으로 수혜자에게 상담서비스의 급여나 서비스를 제공한다. 중앙정부는 직접수혜자에게 급여 및 서비스를 제공하고 광역자치단체는 중앙정부와 관련 없이 급여 및 서비스정책을 결정하며, 기초자치단체는 광역자치단체의 집행기관으로서의 역할을 수행할 뿐 독자적인 기능이 없다. 파트너 형은 중앙정부, 광역단체, 그리고 기초단체가 독자적으로 수혜자에게 급여나 서비스를 제공한다. 이렇게 독자적으로 체제를 유지하지만 파트너로서의 협의체제는 지속한다. 협의체제가 원활히 가동되면 제공되어야 할 급여 및 서비스의 중복 및 공백이 최소화된다. 파트너 형은 중앙정부는 일관성 있게 수혜자에게 급여나 서비스를 공급할 수 있고, 지방자치단체는 지역적 특성을 고려하여 급여와 서비스를 공급할 수 있다. 따라서 파트너 형은 경쟁과 협조가 조화되는 가장 이상적인 형태의 모형이라고 할 수 있다.

이상과 같은 행정전달 전달체계의 행정체계와 집행 체계 간 관계, 정부 간 관계 등에 대한 분석은 그것이 단순히 전달체계를 구성하는 조직 간의 역할관계 및 상호작용 등의 측면보다는 전달체계 전체의 효율성이나 제공되는 상담서비스의 효과성에 영향을 미친다는 측면에서 더욱 의미가 있다. 즉 전달체계는 그것의 목표를 수정하는 데 있어 업무의 흐름과 조직 간 관계가 그것의 목적을 효율적으로 달성할 수 있도록 전달 설계되어야 한다는 뜻이다(조성한, 1997).13) 따라서 단순히 상담서비스를 담당하는 기구를 설립하는 구조화에 논의를 집중해서는

---

13) 이하는 조성한(1997)을 재구성함.

안 되며, 상담서비스가 전달되는 과정에 대한 설계, 즉 그것에 업무를 구분하고 조합시키는 작업이 같이 다뤄져야 한다. 이러한 관점에서 볼 때 전달체계와 집행체계 간에 관계, 정부 간 관계 등은 전달과정의 설계상에 놓인 조직들이 상호간의 관계를 어떻게 가져갈 것인가에 따라 전달체계의 설계도면, 즉 구조 및 이에 따른 기능과 효과성이 좌우될 수 있다는 데 의미가 있다. 특히, 상담서비스의 효과성에서 일반적으로 지적되는 '단편화(fragmentation)', '비연속성(discontinuity)', '무책임성(Unaccountability)', '접근불가능성(Inaccessibility)' 등(Gilbert & Specht, 1974)에 조직 및 체계 간의 관계가 영향을 미칠 수 있기 때문에 이들 간의 관계를 여하히 가져갈 것인가가 매우 의미 있고 중요한 문제라 할 수 있다.

2) 노인상담 서비스전달체계의 정의

앞서 살펴본 바와 같이 상담서비스 전달체계는 구조·기능 측면에서 상부의 행정체계와 하부의 집행체계로 구분될 수 있다(성규탁, 1992: 75). 우리나라의 노인상담프로그램(예, 기초노령수당)의 전달체계는 보건복지부→광역시, 도→시·군·구→읍·면·동→기초노령수당 대상자로 연계된 조직의 체계로 되어 있다. 여기서 보건복지부에서 시·군·구에 이르기까지의 체계는 기초노령수당 서비스를 기획, 지시, 지원 및 감독하는 업무를 주로 수행하기 때문에 행정체계라 할 수 있고, 읍·면·동과 기초생활보장 대상자 간의 체계는 최일선에서 구체적인 급여나 서비스를 제공하는 업무를 주로 수행하기 때문에 집행체계라고 할 수 있다. 상담서비스 전달체계는 대체로 구조에 따라 기능이 달라지지만 반드시 그렇다고 볼 수는 없다. 행정체계에 있어서는 주로 행정기능만 수행하지만 집행체계에서는 급여나 서비스 기능을 주로 수행하면서 수혜자와의 상담, 관련서류작성, 관련회의 참석 등의 행정업무도 수행한다(남기민 외, 2003: 87).

또한 노인상담 서비스전달체계도 운영주체에 따라서 공적전달체계와 사적전달체계로 분류할 수 있다. 공공전달체계는 중앙정부→광역시·도→시·군·구→읍·면·동의 연계된 조직의 체계로 되어 있으며, 민간전달체계는 사회복지재단, 사회봉사단체, 기업체, 후원회, 지역사회협의회 등의 조직들이 수혜자에게 직접 상담서비스를 제공하기도 하고, 상담서비스기관(노인복지회관, 사회복지관 등)을 통해 수혜자에게 간접 상담서비스를 제공하기도 한다. 그리고 국가 및 민간의 혼합기관으로 볼 수 있는 노인복지회관 등은 정부와 민간의 지원을 받아 수혜자에게 직접 상담서비스를 제공한다.

<그림 2-2>와 같이 노인상담서비스 전달체계란 정부의 공적 전달체계와 민간기관의 사적 전달체계 등을 모두 망라하고 있으며, 정부나 민간의 서비스 프로그램을 실현시키기 위한 실천과정으로 그러한 과정상의 절차와 설계상에 놓인 조직, 기관, 시설 등을 말한다. 하지만 상담서비스 업무수행에 있어 중앙정부나 지방정부가 재정을 확보하고 프로그램만을 만들었다고 해서 그 역할과 책임을 다한 것이라고 할 수 없다. 상담서비스는 가장 효율적이고 효과적으로 전달될 때 정부는 상담서비스 제공을 성공적으로 수행한다고 평가받을 수 있다. 따라서 상담서비스를 전달하는 효율적인 전달체계를 갖추는 것이 상담프로그램 예산을 확보하고 프로그램을 개발하는 것에 못지않게 중요하다고 할 수 있다(김재득, 2001: 6).

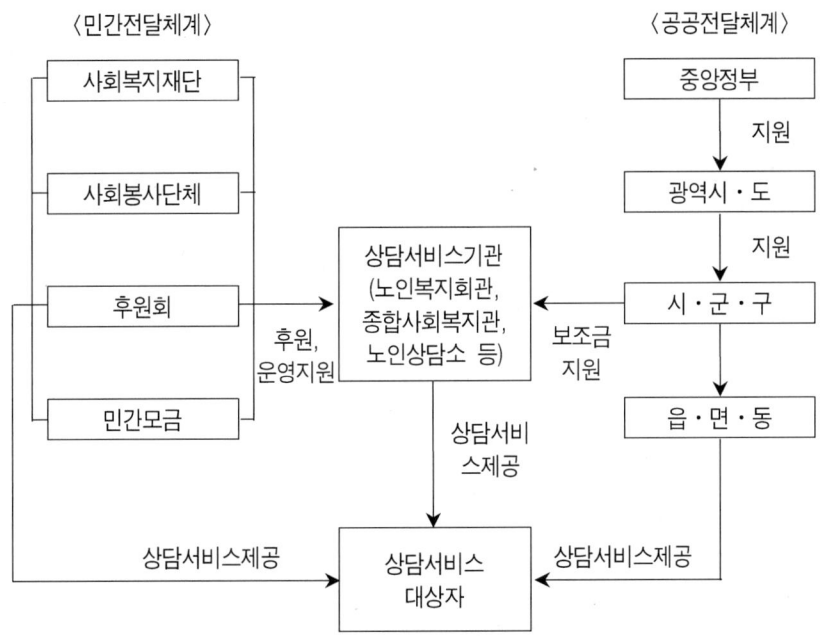

〈그림 2-2〉 공공 전달체계와 민간 전달체계

2. 선행연구의 동향 및 시사점

상담서비스란 '상담 제공은 물론이고, 이에 필요한 상담프로그램을 직·간접적으로 제공하는 것'이라고 말할 수 있다. 즉 상담서비스는 '노인의 경제적·신체적·정서적·사회 참여적 등의 문제들을 해결하기 위하여 상담을 통하여 노인의 욕구 및 문제를 파악하고 이에 부합하는 신속·정확한 사회제도적 대응 프로그램을 제공하는 것'이라고 할 수

있다. 이런 점에서 사회구조·환경적 요인으로 복잡 다양한 노인문제의
특성상 상담서비스에 대한 조사 및 연구의 필요성과 중요성은 더한다
고 하겠다.

대체로 노인상담 활성화를 위한 상담서비스에 대한 기존의 연구들은
크게 다음의 두 가지로 나누어 살펴볼 수 있다.

첫째, 노인문제의 적시와 함께 노인상담의 원칙과 기법 등 기술적인
측면과 인적·제도적인 측면에서의 접근방법이다. 실질적인 노인상담에
대한 학술적 논의는 1985년 한국노년학회의 학술지인 '한국노년학회'
제5권에 실린 '노인상담의 기초적 연구'(김태현, 1985)를 중심으로 시
작하였으나, 그 후 노인상담에 관한 논문의 개제가 없다가 1993년을
기점으로 2006년까지 다수의 논문과 학회발표가 되고 있다. 홍숙자
(2003)는 고령사회에 이르면 노인상담 수요가 급증할 것이며, 이를 위
해 노인상담 및 전문인력양성에 대한 보다 다각적이고 심도 있는 연구
와 실천을 요구하였다. 김문영과 정현희(2004)는 인지·행동적 집단 상
담과 지지적 집단 상담이 노인의 우울과 고독감을 변화시키는 데 어떠
한 효과가 있는지를 규명하기 위한 심리적인 접근을 시도한 결과, 인지
·행동적 집단 상담과 지지적 집단상담 모두 노인들의 정신건강 증진에
효과적이었음을 보여주었다. 이 외에 이장호와 김연경(2006)은 노인상
담의 노인문제, 노년기의 특성에 따라 상담사례 분석을 통한 경험론적
인 접근방법을 강조하였다.

둘째, 상담프로그램을 결정짓는 노인문제 및 노인복지정책의 측면에
서의 접근방법이다. 이와 관련된 대부분의 기존연구들은 노인복지재정이
부족하고, 프로그램이 다양하지 못하고, 수혜자 중심이 아닌 공급자 중
심으로 설계되어 있는 등 노인복지정책이 양과 질적인 면에서 미흡하다
는 것을 지적하고 있다. 예를 들어, 최선화와 박광준(2003)은 전반적으

로 볼 때 현재의 한국노인 복지는 고령화 사회에 대처하기에는 그 규모
나 내용에 있어 매우 취약하므로 각 부문별로 해결해야 할 수밖에 없고,
특히 질 높은 서비스를 제공하는 다양한 사회복지 시설을 확보하는 것
이 고령화 사회에 대비하는 가장 기본적인 원칙이라고 주장하였다.

이와 같이 상담서비스와 관련된 연구들은 대부분 상담서비스의 활성
화를 위해 상담기법을 개발하고 전문 인력을 양성하고, 재정을 확충하
고, 프로그램을 다양화시키고, 상담 제도를 마련하는 등 상담서비스 자
체의 양과 질을 개선·발전시키는 측면에서의 접근방법이다. 이에 반해
노인관련서비스를 어떤 방법으로 어떤 조직체계에 의해 전달하느냐, 즉
전달체계에 관한 연구는 아직 미흡한 실정이다.

최근 김진희(2007)는 서비스전달체계의 관리운영의 현황과 서비스의
효과성을 통합성, 책임성, 전문성, 이용도, 만족도 등의 지표를 사용하여
분석 평가하였고, 관리운영의 효율성을 높이기 위해서는 통합적인 전담
부서 설치 및 전문 인력의 확보 등이 필요하고, 서비스효과성을 제고시
키기 위해서는 특히 수혜자가 이용하기 용이하게 접근성과 편의성이 사
전에 충분히 검토되어야 한다고 주장 했다. 홍봉수(2004)는 춘천지역의
노인복지기관을 중심으로 공급자적인 측면에서 지역복지 거버넌스
(Governance)체제의 장애요인을 분석한 결과, 전달체계의 통합성 결여
및 전문성 부족, 제도적·법률적 근거 부재 등을 전달체계의 장애요인으
로 지적하였다. 최균(2001)은 지역사회 내 복지서비스 전달체계의 운영
평가에서 대체로 접근이용성, 통합포괄성 그리고 연속성의 원칙 등이 현
실적으로 충실하게 지켜지지 않음을 지적하고 지역사회 내 복지욕구를
효과적으로 달성하기 위해서는 각종 복지서비스 전달체계의 확충과 함
께 전문 인력의 확보도 필요하다는 것을 확인했다. 김범수와 신승연
(2004)은 지역사회 복지협의체를 구성하여 사회복지 전담공무원과 민간

복지자원 간에 연결 체제를 구축할 것을 전달체계의 발전방향으로 제시하였고, 이를 위해서는 특히 각 기관의 정보가 공유될 수 있도록 복지종합정보센터를 설립할 것을 제안하였다. 그리고 주민의 접근성이 좋은 아파트 밀집지역과 신도시 지역에는 복지관 중심의 대규모 시설을 신설하여 'One-Stop Service'를 제공하는 것이 효율적이고 효과적인 전달체계의 구축방법이 될 것이라고 주장했다. 같은 맥락에서 김용순(2005)은 정보통신기술을 통한 노인의 전문상담기능의 필요성을 제시하였다.

이상에서 살펴본 바와 같이 이들 논의의 주장과 정책제언은 공통적으로 우리나라 노인서비스 전달체계의 효율성과 효과성을 확보하기 위해서는, 이른바 통합성·포괄성, 전문성·지속성, 적합성·적정성, 이용용의성(접근성과 편의성), 고객만족(수혜자중심) 등의 전달체계 원칙과 기준에 충실해야 한다는 것을 시사하고 있다고 할 수 있다. 그러나 이들의 연구는 전달체계의 실태를 관찰하고 분석하고 개선방향을 제시하는 등 형식적인 체계와 논리적 일관성은 갖고 있으나, 대부분 원론적인 수준의 정책제언에 그치고 있고 특히, 이들의 연구는 이들의 주장을 뒷받침할 만한 전달체계에 대한 실천적인 개발모형을 설정하지 않아 구체성 및 현실적용성이 부족하다는 아쉬움이 남는다.

이에 본 연구는 앞서 살펴본 서비스전달체계에 관한 이론과 후술할 선진국의 전달체계 사례분석 등과 함께 이러한 선행연구들을 이론적 배경으로 하여 설문조사를 통해 우리나라 노인상담 전달체계의 관리운영과 서비스의 실태를 분석평가 하고, 분석결과를 논의하며, 이에 따라 구체적이고 실천적인 정책대안으로서의 전달체계에 대한 개발모형을 설정하고자 한다.

3. 노인상담 서비스전달체계의 구성요소

서비스전달체계는 조직, 인력, 재정 등의 세 가지 요소들로 구성되어 있다. 보통 노인상담 서비스전달체계의 관리 운용의 실태를 이들 세 가지 측면에서 분석 및 평가한다.

1) 노인상담조직

급속한 고령화 사회로의 진입을 앞두고 있는 우리나라의 노인문제는 고도로 복잡하고 다양하게 전개될 것이며 기존의 노인문제뿐만 아니라 다양한 영역에서 예측하지 못했던 분야에 대한 전문상담의 필요도가 높아질 것이다. 즉 경제적·신체적·정서적·사회 참여적 영역에서의 각종 문제해결을 위한 욕구가 양적으로 확대되고 미래의 상담영역인 노인 성문제,[14] 재혼, 자살, 알코올 중독 및 건강관리나 평생교육 등 삶의 질을 높이는 성공적인 노화에 관계된 영역들이 필수적 상담영역으로 자리잡게 됨에 따라 이에 대한 대책이 필요하게 되었다(박차상외, 2005).

이러한 필요에 발맞추어 노인의 상담기관을 기능에 따라 시·군·구의 사회복지과, 노인복지기관, 노인상담소, 노인전화상담소 등으로 분류함으로서 상담기간별로 상담에 있어서 어떠한 차이가 있는지 알아보고

---

14) 오진주와 신은영(1988) 등 기존 연구에 의하면 노인의 이성교제나 성적 문제에 대한 관심을 연령 및 건강상태와 무관한 것으로 나타났다. 또한 강지연과 박부진(2003) 등 최근 연구에 의하면 건강하고 원만한 부부관계의 노인인 경우에는 성생활의 빈도에 있어서 젊은 층과 거의 차이가 없는 것으로 나타나고 있다(이장호와 김연경, 2006).

자 한다.

새롭게 개정된 노인복지법에 의하면 노인의 복지를 위한 상담 및 신고의무담당을 위해 시·군·구에 노인상담원을 두어 노인 및 가족을 위한 상담, 노인복지에 필요한 환경조사, 노인복지시설 입소상담, 노인단체 활동 및 취업에 관한 상담 등을 하도록 되어 있다. 그러나 거의 모든 경우, 일반직 공무원이 노인복지상담원을 겸직하고 있고, 업무과중으로 인해 기초생활보장, 복지시설 입소 등의 행정업무 위주로 이루어지고 있어 종합적인 상담서비스는 이루어지지 않고 있다.

시·군·구가 설치한 노인복지회관은 직영운영 형태의 경우와 위탁운영 형태의 경우가 있는데 대부분이 위탁운영을 하고 있다. 이 밖에 국가 또는 지방단체 외의 자도 노인복지회관을 설치할 수 있다. 노인복지회관은 지역노인의 다양한 욕구를 충족시키기 위해 건강, 여가, 교육복지적 기능을 수행하는 통합된 서비스를 제공하고 있다. 즉 상담 사업을 바탕으로 독립생활이 가능한 노인에 대해서는 건강·교육사업·취미·여가사업, 복리후생사업, 고령자 취업알선 사업 등을 실시하고, 거동이 불편한 노인들에 대해서는 기능회복사업(보건·재활사업), 재가복지사업, 가정봉사원 파견사업, 주간 단기보호사업, 방문보건사업 등을 실시하고 있다.

노인상담소는 사회복지법인이나 민간기업체, 개인이 시, 도지사의 허가를 받아 설치·운영할 수 있다(현외성 외, 1998). 인력 및 조직구조는 소장 1인, 전임상담원 1인, 선임봉사상담원 3인, 자원봉사 30인을 기본적으로 구성하되, 조직의 능력이나 사업의 규모에 따라 조정할 수 있다. 노인상담소는 노인상담서비스의 효과적인 실천을 위해 노인전화상담, 전화방문서비스 및 가정봉사원 서비스를 연계시키며, 특히 신체적·정서적 장애로 인해 일상생활을 영위하기 어려운 노인을 대상으로

한 가정방문 봉사활동, 무의탁 노인으로서 지역에 거주하는 노인을 대상으로 한 도시락배달의 봉사활동, 지체장애인 노인을 대상으로 한 수발 봉사활동 등 무의탁 노인이나 신체적·정서적 장애를 가지는 노인을 대상으로 재가복지서비스를 제공한다.

노인 전화상담소는 전화상담서비스와 전화방문 서비스를 양대 축으로 하여 추가적인 재가복지서비스를 제공한다. 현재 '한국노인의 전화'가 전국적인 조직망을 갖추고 상담서비스 제공뿐만 아니라 교육연구, 출판홍보, 대외협력분야에서도 노인복지 서비스를 진행하고 있다. 이 외에 장애노인 등을 대상으로 방문간호사업을 수행하고 있는 보건소 및 종합사회복지관15) 등이 있다.

〈표 2-3〉 노인상담기관 및 운영주체

상담 기관	운영 주체
사회복지과	시·군·구
노인복지회관	직영(시·군·구), 위탁(사회복지법인, 비영리법인) 기타 국가 또는 지방자치단체 외의 자
노인상담소	사회복지법인, 민간기업, 개인
노인전화상담소	상동
보 건 소	시·군·구

---

15) 이는 각종 복지프로그램을 통해 생활이 곤란한 주민들에게 사회복지서비스를 제공하거나, 자립능력배양을 위한 교육훈련의 기회제공 등 지역주민의 복지를 증진하기 위한 조직으로, 전국적으로 설치되어 있으며 주로 시지역을 중심으로 활동하고 있다. 사업으로는 아동, 청소년, 노인, 지역주민, 가정 및 부녀 등을 대상으로 한 사업을 전개하고 있으며, 각종 사회교육 프로그램을 운영하고 있다.

2) 노인상담인력

노인상담에서 상담자의 역할은 내담자에 대한 충분한 경청을 통해 내담자가 가지고 있는 잠재적인 자원들을 밝히고, 이를 지원하여 내담자 스스로 자신의 문제를 바라보고 평가하며 문제를 해결해 나갈 수 있도록 도와주는 것이다. 즉 노인상담가는 내담자로 하여금 노인이 경험하는 은퇴와 노화로 인한 제반 문제에 대하여 쉽게 극복할 수 있고, 노년기의 삶을 긍정적으로 평가하며 삶의 가치와 사회를 위한 기여 점을 찾아내며 스스로 통합성에 이르도록 돕는다(이호선, 2005).

따라서 노인상담가는 노인 개인 차원에서는 이들의 욕구와 문제를 적시하고 해결방안을 제시하고, 가족과 사회의 적응도를 높여주며, 제2의 인생설계를 통하여 알찬 노후를 보낼 수 있도록 지지와 격려를 해준다. 또한 노인 가족 차원에서는 이들에게 노화 과정에 대한 이해도와 수용성을 높여주고, 사회·국가적으로 물질적·정신적 지지를 통하여 부양부담을 덜어준다는 점과 사회·국가차원에서는 지역노인의 자활의지 격려와 수혜자중심의 상담활동을 통하여 사회의 활력과 복지재원의 배분 효율성을 제고시키고, 노인자살, 노인학대, 노인유기 등과 같은 사회적 범죄를 미연에 방지할 수 있다는 점에서 노인상담자의 중요성은 여타 복지서비스 기능에 비해 높다고 하겠다.

노인상담가는 효율적인 상담서비스를 위해서는 다음과 같은 자질과 역량을 갖춰야 한다(홍숙자, 2003).

첫째, 노인상담가는 긍정적인 인간관을 소유하고 있어야 하며, 인간에 대한 존중의식을 갖고 진실한 태도를 견지해야 하며, 공감적이고 수용적인 자세를 가져야 한다.

둘째, 상담가는 상담내용에 따라 적절한 정보를 제공할 수 있는 노인관련 지식을 습득하고, 경제적·의료적·정서적 문제에 대처할 수 있고 지역사회 자원 및 서비스에 연계할 수 있는 관계망을 갖고 있어야 한다.

셋째, 상담가는 주의집중기술,[16) 질문기법,[17) 회상기법[18) 등 각종 상담기법을 습득하고 있어야 한다. 이를 통하여 내담자의 강한 욕구, 비언어적 의사소통, 내담자의 성격 및 정서 등을 파악해야 한다.

넷째, 노인내담자와의 상담관계형성에 세심한 주의와 배려를 해야 한다. 노인상담가는 자신의 복장, 말투, 상담실 실내장식 등 수용적이고 친밀한 상담환경이 되도록 유의해야 하고, 신뢰성 있고 공감적이고 개방적인 분위기를 조성해야 하며, 내담자의 목표·비밀보장·시간적 요인 등에 관해 상담을 구조화해야 한다.

다섯째, 노년기는 가족관계적인 측면의 적응이 주요 관심사이니만큼 부부관계와 부부사별, 치매가족의 상담에 준비되어 있어야 한다.

3) 노인상담재정

노인상담 서비스 예산은 총 연간 예산액 자체가 빈약한 상태이며, 국가보조금의 형태로 중앙정부에서 지방정부로 배정된다. 따라서 정부의 보조금 지원의 합리화를 기해야 한다(박차상외, 2005). 또한 민간재

---

16) 효과적인 의사소통과 상담이 이루어지기 위해서 물리적·심리적으로 내담자에게 주의집중을 하는 것을 말한다.
17) 상담과정에서 질문을 할 때 지켜야 할 원칙은 일반상담과 동일하며, 노인상담에서 활용될 수 있는 단기치료의 다양한 질문기법으로 초점질문, 해결중심질문, 순환질문, 기적질문, 대처질문 등이 있다.
18) 과거의 사건이나 경험을 기억해내는 과정을 통해 과거를 돌아보고 지난날 삶을 정리하는 특성을 가진 노인들에게 적합한 상담기법이다.

원 모금을 위한 다양한 접근방법 동원과 후원회의 조직화와 활성화, 조
세감면을 통한 기부금 확대방안의 모색, 언론의 적극적인 활동 등이 고
려되어야 한다.

우선 시·군·구의 사회복지과 노인복지상담원의 처우에 관해 개정
된 노인복지법 14조는 노인복지상담원(공무원인 상담원과 보수 없이
봉사할 것을 자원한 상담원은 제외)에 대하여는 예산의 범위 안에서
지방 공무원 중 일반직 8급 공무원에 상당하는 보수(직무수당·기말수
당·정근수당 및 기타수당을 포함한다.)를 지급하도록 하고 있다. 그리
고 시·군·구가 설치한 노인복지회관은 위탁운영의 경우 운영예산의
일부(예, 군포시의 경우 20% 이상)를 자부담할 수 있는 공익법인 및
비영리법인에 의해 운용하도록 하고 있으며, 직영의 경우에는 활발한
프로그램진행이 되지 못하고 있어 그에 따라 비용도 별로 발생하지 않
고 있다. 국가 또는 지방자치단체 외의 자가 노인복지기관을 설치할 경
우 설치운영에 소요되는 비용은 대통령령이 정하는 바에 따라 국가 또
는 지방자치단체가 부담한다.[19]

또한 노인상담소나 노인전화상담소는 보통 비영리단체이므로 영리단
체와는 다르게 운영비를 회비, 기증, 기금조성 등을 통해서 충당시키며,
무보수로 봉사를 하는 자원봉사자를 최대한 활용하고 있다. 다만 회원
및 일반인을 대상으로 한 교육프로그램은 보통 수익자 부담을 원칙으
로 하고 있다.

---

19) 국가 또는 지방자치단체 외의 자가 노인여가복지시설(노인복지회관 등)을
    설치하고자 하는 경우에는 시장·군수·구청장에게 신고하여야 한다(제37
    조제2항). 노인복지시설의 설치·운영에 소요되는 비용은 대통령령이 정
    하는 바에 의하여 국가 또는 지방자치단체가 부담한다(노인복지법 제45조
    제2항).

4. 노인상담 서비스전달체계 모형

이상으로 서비스전달체계의 문헌적 고찰 및 선행연구들의 조사결과 등을 통하여 이론적 체계를 시도하고 이를 근거로 하여 다음과 같이 노인상담 서비스전달체계의 기본 모형을 도출할 수 있다.

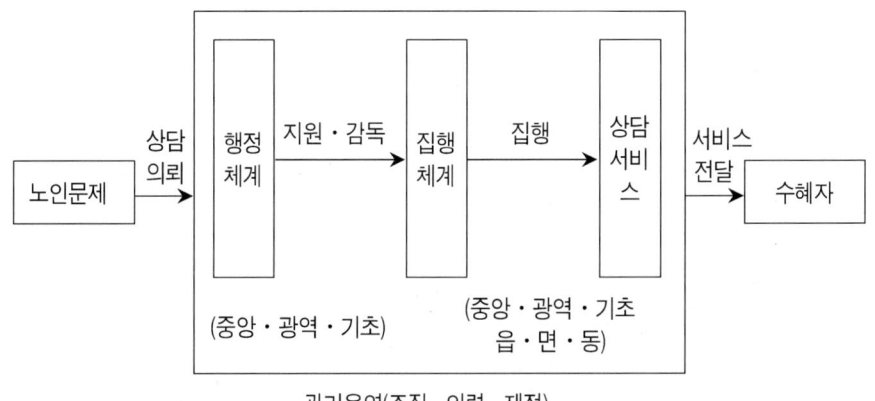

〈그림 2-3〉 노인상담 서비스전달체계의 기본모형

이를 단순하게 설명하면, 주로 사회·환경적 요인으로 노인문제가 발생하고 이를 해결하기 위하여 조직·인력·재정이 투입되어 전달체계를 형성하며, 이러한 전달체계를 통하여 상담서비스가 생산되어 수혜자에게 전달된다. 이 모형의 특징은 노인상담 전달체계를 공공전달체계혹은 민간전달체계가 어떤 형태를 취하든 서비스를 직접 제공하는 하부의 집행체계와 서비스전달을 기획, 지시, 지원 및 감독하는 상부의 행정체계로 단순화 했다는 데 의미가 있다. 예를 들어, 정부 간 관계가 종속형의 경우는 물론이고, 대등한 관계를 유지하는 파트너 형이라 할

지라도 각각의 정부 자체 내에 종속적인 관계인 행정체계와 집행체계를 갖고 있다. 말하자면, 중앙정부의 경우 지방사무소를 통해 서비스를 직접 제공할 수 있는데 이때 중앙정부의 중앙부서가 행정체계가 되고, 지방사무소가 집행체계가 된다고 할 수 있다.

또 시·군·구의 지원을 받는 노인복지회관의 경우 시·군·구는 행정체계라 할 수 있고, 노인복지회관은 집행체계라 할 수 있다. 따라서 복잡다기한 전달체계 메커니즘을 이해하기 위해서는 정부 간 관계 등은 물론이고, 무엇보다 집행체계와 행정체계의 변수를 고려해야 한다.

한편, 서비스의 전달체계와 관련해서 다양한 원칙이 전달되고 있다. 예를 들어, Gilbert와 Specht(1986)는 이상적인 사회복지서비스 전달체계란 서비스가 통합되고, 지속성이 있으며, 접근이 용이하고, 책임성이 있는 것으로 제시하였고 이외에도 전문성, 적절성, 평등성, 노력성 등의 원칙을 제시하고 있다(김범수외, 2004). 또 서비스나 프로그램의 분석, 평가 시 보편적으로 적용되는 원칙들도 있다.

이들 원칙은 한마디로 전달체계가 그 본래의 기능을 다하기 위한 전달체계가 갖춰야 할 기본조건이라고 할 수 있다. 즉 이들 원칙에 의해 그 기능과 효과성이 좌우될 수 있다는 것이다. 만약 이들 원칙에 준수되지 않는다면 특히 서비스의 효과에서 일반적으로 지적되는 문제인 '단편화', '비연속성', '무책임성', '몰 접근성' 등이 나타나 전달체계의 구조와 기능에 악영향을 미칠 수 있다. 이런 점에서 노인상담 서비스전달체계의 관리운영과 서비스 현황과 특성을 분석 평가 시 적용할 수 있는 보편적인 원칙들을 설명하면 다음과 같다.

1) 통합성·포괄성과 책임성·자율성

통합성·포괄성과 책임성·자율성은 조직측면의 관리운영의 원칙과 관련돼 있다.

(1) 통합성·포괄성

이는 상담서비스 수혜자의 복합적인 욕구와 문제에 적절하게 대응하기 위해서 여러 가지 종류의 서비스, 프로그램, 조직 등에 의하여 각자 다양한 상담욕구에 개별적이고 전문적인 상담서비스가 제공되면서, 동시에 이들 간에 업무협조와 조정, 연계 등이 유기적으로 이루어지는 포괄적이고 통일적인 전달체계를 말한다. 노인복지회관, 지역사회 복지관, 노인상담소 등 여타 상담서비스 제공기관과의 연계 없이 대부분의 상담서비스 제공기관들이 각기 독자적으로 동일한 대상자에 대하여 중복서비스를 제공하거나 실질적으로 서비스가 필요한 대상자에 대하여 서비스를 누락시켜 인적·물적 자원의 배분이 왜곡되어 자원이 낭비되는 것이다.

(2) 책임성·자율성

이는 상담전문요원이 상담서비스업무를 수행함에 있어 업무에 대한 인지도와 자부심을 가지고, 상담서비스 수혜자의 욕구사정, 서비스 배정계획 및 전달 등의 운영주체로서 수혜자의 욕구에 적절하게 대응할 수 있는 것을 말한다. 상담서비스업무를 책임성 있게 수행하기 위해서는 반드시 행정체계와 집행체계 간 권한과 역할의 재분배를 통하여 자율성이 확보되어야 한다.

2) 전문성과 지속성

전문성과 지속성은 인력측면의 관리운영의 원칙과 관련되어 있다.

(1) 전문성

노인들은 경제적, 신체적, 정서적, 사회 참여적 문제가 복합적으로 일어나기 때문에 전문성이 더욱 요구된다. 상담서비스의 전달체계에서 전문성의 기준이 중요한 것은 기본적으로 상담서비스는 상담이용자의 욕구와 문제를 정확하게 파악하여 이에 적합하게 대응해야 하는 서비스이기 때문이다. 지방자치단체의 노인 상담서비스를 제공하는 상담원들은 사실상 행정업무에 연장선에서 상담서비스업무를 수행하고 있기 때문에 상담의 전문성을 기대하기 어려운 실정이다. 이에 상담인력의 전문성을 제고하기 위한 정책적 실천이 요구되는 상황이다.

(2) 지속성

이는 상담서비스에 대한 욕구가 있을 때 이를 지속할 수 있어야 하며, 그러기 위해서는 상담실무자는 수혜자 개인이나 가족의 상담기록이나 관련 자료를 잘 보관하여 언제든지 이를 이용할 수 있어야 한다. 더 적합한 프로그램이나 상담을 받기 위해서 또는 하나의 욕구가 해결되어 다른 욕구로 이전이 필요할 때 전달체계 간의 연계를 통하여 서비스가 중단 없이 제공돼야 하고, 의뢰한 기관에 이용자의 관련 자료를 잘 전달할 수 있어야 한다.

3) 적합성과 적절성

재정측면의 관리운영의 원칙과 관련돼 있는 것으로서 재정조달방법의 적합성과 재정 관리의 적정성이 요구된다.

(1) 재정조달방법의 적합성

상담서비스 제공에 필요한 재정이 어떤 재원으로 조달되며, 조달과정에서 각 참여주체는 어떤 역할을 수행하고 있는지를 분석해 볼 필요가 있다. 이 과정에서 법적, 제도적 촉진 또는 장애요인이 무엇인가를 찾아낸다. 특히, 민간재원 모금 등 부족재원의 조달방법을 주시한다.

(2) 재정 관리의 적정성

재정적 측면에서 수혜자의 서비스 요구에 대하여 서비스가 이러한 요구에 부합하게 제공되었는지 여부와 양적, 질적, 시간적 측면에서 적절하게 제공되었는지와 관련된 것이다. 아울러 배분이란 측면에서 적시적소에 필요한 만큼의 재정적 지원이 갔는지를 확인한다.

4) 서비스 인지도

노인상담 서비스 수혜자들이 정부에서 제공하고 있는 다양한 상담서비스에 대하여 얼마나 인지하고 있는지를 뜻한다. 인지도가 낮은 경우 무관심, 홍보부족, 상담서비스 내용의 부실 등의 요인들이 주요 원인이 될 수 있으며, 이는 곧 저조한 이용도로 연결된다. 또한 상담서비스도 프로그램에 따라 인지도에 있어서 차이를 나타낼 수도 있다.

5) 서비스 이용도(접근성과 편의성)[20)

이용도란 서비스를 필요로 하는 사람들이 해당 서비스를 이용하는 정도 및 빈도를 의미한다. 상담서비스와 이를 이용하는 상담 수혜자 간에는 지리적 장애, 시설 및 위치인지, 교통, 신청절차상의 어려움 등 접근성 및 편의성 측면에서 장애요인이 존재한다. 특히 거동이 불편한 노인에게는 지리적 장애가 이용하는 데 가장 큰 애로사항이 된다. 기본적으로 서비스전달체계를 공급자 중심이 아니고, 수혜자 중심의 측면에서 접근성과 편의성이 높은 전달경로로 개선되어야 한다.

6) 서비스 만족도

노인의 욕구는 다양할 뿐만 아니라 복합적이어서 제공되는 서비스가 수혜자의 복잡 다양한 욕구에 부응할 수 있어야 한다. 서비스 만족도는 개별서비스 자체에 대한 만족도는 물론이고, 담당공무원의 태도 및 업무처리 등에 대한 만족도에 의해서도 영향을 받는다.

---

20) 거동이 불편한 노인수혜자의 경우 상담서비스를 이용함에 있어 서비스 전달체계의 접근성과 편의성이 가장 중요한 고려사항이라고 할 수 있다. 이는 아무리 통합성, 전문성, 지속성 등의 원칙에 충실한 서비스일지라도 접근성과 편의성이 결여되어 있으면 결국 무용지물이 될 수 있기 때문이다. 따라서 수혜자 중심의 상담서비스를 제공하기 위해서는 무엇보다 접근성과 편의성이 확보돼야 한다.

5. 노인상담 서비스와
서비스전달체계의 개념적 관계

본 연구의 분석을 위한 기본 틀은 <그림 2-4>와 같다. 노인의 상담서비스에 대한 인식과 기관종사자의 서비스전달체계에 대한 인식 간의 차이는 어느 정도 수준인가? 그리고 현행 노인상담 서비스전달체계의 관리운영과 서비스제공의 상태(실태)가 효과적이고 효율적인 서비스전달체계가 갖추어야 할 조건들인 전달체계의 기본원칙에 얼마나 부합하는가라는 기본적인 물음에 답하려는 것이 본 연구의 목적이다. 이러한 질문에 답하기 위해 본 연구는 노인의 상담서비스에 대한 인식과 기관종사자의 서비스전달체계에 대한 인식 간 차이의 정도에 따라 상담서비스 품질의 향상 또는 개선이 요구되고, 상담서비스 품질 향상은 앞서 언급한 서비스전달체계의 기본원칙에 대한 충실성 및 부합성을 통하여 이루어질 수 있다는 기본관점에서 출발한다. 즉 노인 인식과 기관종사자 인식 간 차이의 정도에 따른 노인상담서비스 품질의 향상 또는 개선은 전달체계의 원칙에 의해 매개된다고 가정하는 논리에 의거하고 있다(<그림 2-4>참조).

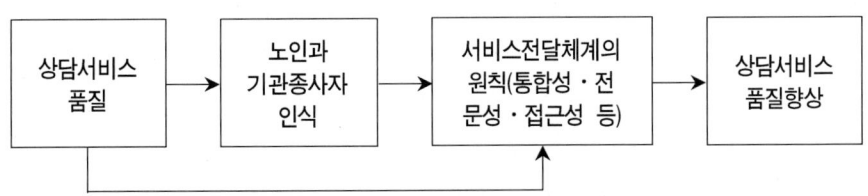

〈그림 2-4〉 노인상담 서비스전달체계 분석을 위한 기본모형

  여기서 상담서비스의 품질은 서비스전달체계의 기본원칙에 대한 충
실성에 의해 좌우될 수 있다는 측면에서 전달체계의 관리운영과 서비
스의 상태(실태, 즉 기본원칙에 대한 충실도)로 개념화하였고, 관리운영
은 조직, 인력, 재정에 세 가지 측면으로 구분하였다.

  전달체계의 원칙은 우선 상담서비스의 품질개선, 즉 노인문제의 해소
또는 경감이지만 이러한 상담서비스의 품질, 전달체계의 원칙, 그리고
상담서비스 품질향상의 관계에서 전달체계원칙이 상담서비스 품질향상
에 기여하기 위해서는 조직측면에서의 관리운영의 통합성·포괄성 및
책임성·자율성, 인력측면에서의 관리운영의 전문성,[21] 재정측면에서의
관리운영의 적합성과 적정성, 서비스 제공의 이용용이성(접근성과 편의
성) 등이 확보되어야 가능하다.

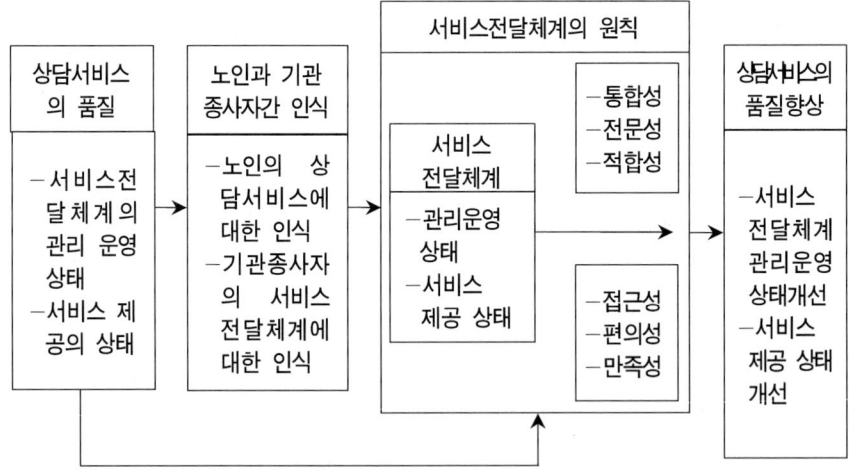

〈그림 2-5〉 노인상담 서비스전달체계 분석을 위한 개념적 모형

---

21) 본 연구에서는 지속성의 경우 전문성 확보에 필요한 요소이므로 전문성
    에 포함된 것으로 간주

6. 노인상담 서비스와 서비스전달체계의
관계분석을 위한 조작적 정의

1) 전달체계의 원칙에 대한 충실성

본 연구를 위한 종속변수는 '기본원칙 충족'에 대한 응답자들의 가치평가를 토대로 하였다. 상담서비스의 품질을 전달체계의 구성요소인 조직의 관리운영의 상태, 인력의 관리운영의 상태, 재정의 관리운영의 상태, 서비스 제공의 상태 등으로 구분하여 응답자들이 이들 각 문제에 대하여 전달체계의 원칙에 대한 충실성을 평가할 수 있도록 '노인상담 업무의 전문성 확보를 위해 노인상담 전문자격제도를 신설 또는 운영하는 것이 필요하다고 생각하시는지요?'라는 질문(기관종사자 설문 Ⅱ-9)을 던져, 주로 5점 척도(1. 전혀 그렇지 않다-5. 매우 그렇다)로 평가하도록 의뢰한다.

2) 상담의 필요성 인식

(1) 노인의 상담의사

노인의 상담인식을 파악하기 위해 '어르신께서는 앞으로 고민을 상담받기를 원하십니까?'라는 질문(노인수혜자 설문 Ⅳ-1)에 대해 응답자들이 스스로 평가하도록 하였다. 설문지상의 응답은 '1. 전혀 그렇지 않다-5. 매우 그렇다'로 구성하였다.

(2) 노인상담의 중요성에 대한 기관종사자의 인식

노인상담의 중요성에 대한 기관종사자의 인식을 파악하기 위하여 '선생님은 업무경험을 토대로 볼 때 노인문제의 경감 또는 노인복지의 충족에 있어서 노인상담의 중요성을 어떠하다고 생각하시는지요?'라는 질문(기관종사자 설문 Ⅱ-1)에 대해 응답자들이 스스로 평가하도록 하였다. 설문지상의 응답은 '1. 거의 중요하지 않다 ~ 5. 노인복지문제 중에서 가장 중요한 사항이다'로 구성하였다.

3) 상담영역에 대한 인식

(1) 노인의 상담영역에 대한 인식

본 연구에서 노인의 상담영역에 대한 인식을 파악하기 위해 '지금 어르신의 고충을 상담해 드리는 분이 있다면 다음과 같은 사항들에 대해 얼마나 상담받기를 원하시는지요?'라는 질문(노인수혜자 설문 Ⅳ-2)에 대해 응답자들이 스스로 평가하도록 하였다. 설문지상의 응답 항은 '1. 건강유지 및 질병예방에 관한 상담~15. 기타' 등으로 구성하였다.

(2) 노인상담영역에 대한 기관 간 소관 인식

노인상담영역에 대한 기관 간 소관 인식을 파악하기 위해 '노인상담에 대해 정부가 지원하는 경우 다음의 각 상담내용별로 선생님의 소속 기관이 담당하기에 얼마나 적합하다고 생각하시는지요?'라는 질문(기관종사자 설문 Ⅱ-4)에 대해 응답자들이 스스로 평가하도록 하였다. 설문지상의 응답은 '1. 건강유지 및 질병예방에 관한 상담~15. 기타' 등으로 구성하였다.

4) 노인상담의 기능에 대한 인식

(1) 노인의 상담기능에 대한 인식

노인의 상담 기능에 대한 인식을 파악하기 위해 응답자들이 현재 노인상담 기능 중 자신이 가장 원하는 것을 하나 선택하도록 하기 위해 '어른 신께서 상담하시는 상담기관이 무엇을 해주시기를 원하는지요?' 라는 질문(노인수혜자용 설문 Ⅲ-5)을 하였다. 설문지상의 응답 항은 '1. 내 문제 들어주고, 이해해주는 것 2. 문제해결을 위한 정확한 정보를 제공해 주는 것 3. 내 문제를 직접 해결해 주는 것 4. 내 문제를 내가 스스로 해결할 수 있도록 이끌어 주는 것 5. 심리적 안정을 위한 안식처 같은 곳' 등으로 구성하였다.

(2) 기관종사자의 노인상담 기능에 대한 인식

기관종사자의 노인상담기능에 대한 인식을 파악하기 위하여 '선생님께서는 노인상담의 기능을 무엇이라고 생각하시는지요?' 라는 질문(기관종사자 설문 Ⅱ-2)에 대해 응답자들이 스스로 평가하도록 하였다. 설문지상의 응답은 '1. 노인들의 문제를 들어주고 이해하는 것~5. 노인들의 심리적 안정을 위한 안식처 같은 곳'으로 구성하였다.

5) 통제변수

본 연구의 독립변수와 종속변수 간의 관계성을 통제하는 변수로서 관련자 집단변수를 설정하였다. 관련자 집단은 공무원, 복지기관종사자, 그리고 노인으로 설정하였다. 공무원은 노인복지정책의 기획과 예산을 편성하는 보건복지부 담당 공무원들을 비롯하여 서울시 노인복지 담당공무원, 구청, 동사무소의 사회복지전담공무원 등을 포함하였다. 복지기관종사자는 현장에서 노인 수혜자들에게 상담서비스를 직접 제공하는 노인복지회관의 종사자이다. 노인은 60세 이상의 인구층으로 정의하였다.

제 **3** 장 노인상담과
서비스전달체계의 현황

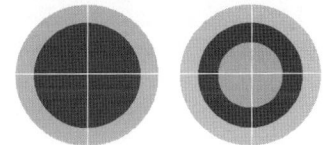

노인상담과
서비스전달체계의 현황

　　노인상담서비스의 효율성과 효과성은 단순히 상담서비스의 양과 질을 개선하고 그 재원을 확충하는 것으로 확보되는 것이 아니라 그 서비스를 어떤 조직체계에 의해 전달하느냐에 따라 확보된다고 해도 무리한 주장은 아니다(최성재, 노년학). 이에 노인상담 전달체계를 오랫동안 개선·발전시켜온 해외 선진국들(일본, 영국, 미국 등)의 현황과 국내현황을 살펴보고, 국내외 현황 비교 및 그 시사점을 찾아봄으로써 우리나라 노인상담 전달체계를 개선·발전시키는 데 참고가 되고자 한다. 다만 여기서는 주어진 자료하에 논리전개의 일관성을 기하기 위하여 각 나라의 노인상담서비스 전달체계의 특성을 사회복지서비스 전달체계의 특성과 관련하여 살펴보기로 한다.

제1절 국외현황

1. 일 본

일본의 사회복지발달과정을 살펴보면, 1970년 초반의 사회복지 축소를 의미하는 '일본형 사회복지론'과 1980년대 초반의 행정개혁의 일환인 사회복지개혁에 따른 '활력 있는 복지사회론'을 거쳐 최근에는 이른바 지역복지중심 및 수혜자 중심의 복지가 화두가 되고 있다.

일본의 사회복지서비스 전달체계는 중앙의 후생성을 비롯하여 지방자치단체에서는 동경 도는 복지국, 도부 현에서는 민생주관부, 생활복지부 등 다양한 명칭으로 사회복지에 관계된 부서들이 있다. 일본에서의 사회복지서비스는 사회복지행정의 제일선 현업기관으로 복지사무소를 중심으로 운영된다.

복지사무소는 국가기관의 복지업무를 위임받아 지방행정기관이 운용하는 형태를 취하며, 전문직원이 사회복지서비스를 필요로 하는 주민에게 직접상담을 통하여 필요 욕구와 문제에 대처하고 있다. 일본의 복지사무소는 이른바 생활보호법 등 6법에 관한 업무를 행하는데, 그중 하나가 노인복지법의 시행에 관한 업무이다. 그 내용은 '노인의 복지에 관한 실정을 파악하는 업무, 노인복지상담에 응하며, 필요한 조사 및 지도를 행함과 동시에 그에 수반되는 업무 등이다. 복지사무소의 설치기준은 도도부현, 지정도시, 특별 구는 인구 10만 명 단위에 의무적으로 설치하게 되어 있으며, 그 외에 시나 구정촌은 행정능력을 감안하여 임의로 설치하도록 되어 있다. 하지만 복지사무소는 지방자치단체의 관리·통제하에 있어 지역 간의 형평성이 후생성에서 기대하는 수준에 도달하지 못하고 있으며, 또한 인구단위로 설치를 의무하고 있어 접근가능성을 간과 했다는 점, 전문 인력을 채용하지 못한 상태에서 담당직원들마저 2, 3년 근무하다가 복지와 관련이 없는 행정직으로 이동하는 등 전문성을 소홀히 했다는 점 등에서 문제점으로 지적을 받고 있다.

　일본은 1940년대부터 공적사회복지의 발달이 확대되면서 드러난 공적전달체계의 문제점에 대한 개선으로 민간자원을 활용한 대안을 마련하게 되었다. 이에 대한 구체적인 조치로 정부에서는 지역의 자원봉사자로 활동하던 민생위원의 법률적 근거 마련을 위해 1948년 '민생위원령'을 제정함에 따라 더욱 활발한 자원봉사활동이 전개되었다. 1960년대 말부터 일본은 독거노인 문제와 노인의 고독사가 사회문제가 되고 있었는데, 이 문제를 인식하고 민생위원들이 주도한 1973년의 '고독사 노인 제로운동'으로 노인문제 파악과 해결에 대한 주민참가 운동이 전국적으로 확산하는 계기가 되었다.

　민생위원은 사회봉사정신을 가지고 주민으로부터의 상담에 응하며, 지역사회로부터 배제되기 쉬운 사람들, 특히 독거노인이나 요보호자들의 사회적인 고립을 예방하기 위하여 '방문활동'과 '안부묻기활동'을 하고 있다. 민생위원은 지역사회상담서비스 전달체계하에서 서비스 활동을 전개해 나가는 핵심요소이며, 지역 상담서비스 전달체계의 연결고리로 그 역할을 담당하고 있다(황성하, 2004). 다만 민생위원으로 추천받은 사람들이 고령자가 많아 활동상에 제약이 많다는 점, 새로운 생활양식에 대응할 수 있는 젊은 인재가 부족하다는 점, 직무나 요구사항에 비해 명예나 보상, 지원이 턱없이 부족하다는 점이 문제점으로 지적되고 있다. 이와 같이 일본의 노인상담서비스 전달체계는 최일선의 지방

자치단체 복지사무소와 자원봉사자인 민생위원을 중심으로 이루어지고
있다. 하지만 최근 경향으로 복지와 보건조직을 통합 운영하는 추세를
보이고 있는데, 이는 우리에게 시사하는 바가 있다 하겠다.

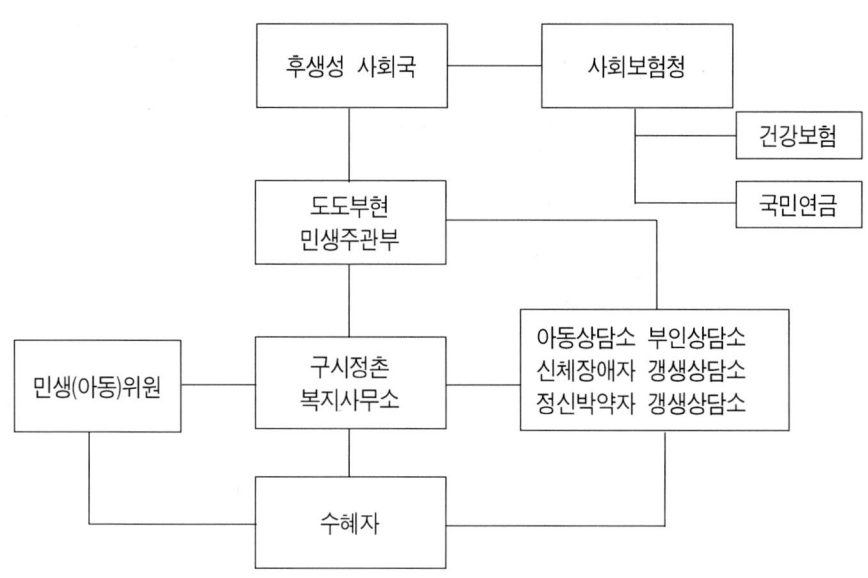

자료: 박경숙 외(1992: 250).

〈그림 3-1〉 일본의 노인상담 서비스전달체계

2. 영 국

영국의 경우 사회복지전달체계의 특징은 사회보장과 사회복지서비스
의 기관이 독립되어 있으며, 중앙정부와 지방정부의 사회복지업무가 분

리되어 있다. 한마디로 사회복지전달체계는 그 전달하는 급여 또는 서비스에 따라 달리한다.

영국의 사회복지를 수행하는 중앙부처는 노동연금부(Department of Work and Pension)와 보건부(Department of Health)가 있다. 노동연금부는 취업훈련, 소득보장 및 각종 급여의 지급 등의 업무를 담당하고 있으며, 보건부는 보건·의료를 담당하고 있다. 노동연금부는 지방 및 일선조직을 통하여 국민들에게 급여를 전달하고 있다. 보건부는 1985년에 사회복지감독청(The Social Service Inspectorate: SSI)을 설치하여 9개 지역사무소를 통해 지방정부서비스 당국의 사회적 서비스의 이행 실태 및 서비스 질을 평가하고, 지속적인 개선이 이루어질 수 있도록 지원하는 역할을 수행하고 있다. 이와 같이 정부의 지원과 지도를 받으면서 사회적 서비스를 지방자치단체에서 담당하고 있다. 즉 지방행정에 있어 노인 등을 위한 사회적 서비스는 1970년 지방사회서비스법(Local Authority of Social Services Act)에 의해 만들어진 지방사회서비스부(Local Authorities Social Services Department: LASSD)에서 담당한다(강천동, 2004).[22]

영국의 초기 노인 사회복지정책은 노인들의 보편 주의적 소득보장제도에 역점을 두어 노인들의 자아발달욕구 충족, 일상생활에서 당면문제 해결 등 사회복지서비스가 부처 및 부서별로 산만하게 제공되는 등 소홀히 다루어져 왔다. Seabohm보고서에서 이러한 점에 대한 문제점이 제기되면서 1970년 지방사회서비스법이 제정·시행됨에 따라 기존의 관련부서들의 서비스가 통합되어 LASSD가 설치되었다. LASSD는 사회복지서비스의 통합창구로서 노인복지서비스와 관련하여 가정에서의 도움 제공, 숙박시설 수용, 일반 복지, 식사제공, 레크리에이션, 양로원의 등록, 사회사업적 서비스제공 등이 있다. 지방사회서비스법에 의하

---

22) 이하는 강천동(2004)을 재구성

면 지방자치단체들은 사회서비스 위원회를 설립해야 하고 그 위원회가 지방정부 행정관급으로 사회서비스국장을 임명하여 LASSD를 운영하여야 한다. LASSD의 국장은 전문적인 사회사업가이어야 한다.

지방정부는 노인을 위한 사회서비스업무를 수행함에 있어 중앙정부로부터 재정적 지원을 받으므로 사회복지감독청으로부터 직·간접적으로 지도와 감독을 받고 있으나, 지방정부에 의무적으로 규정된 사회적 서비스 외에 자율적으로 다양한 서비스를 개발하고 전달할 수 있다(최성재, 한국노년학).

끝으로 한 가지 덧붙인다면, 최근 경향으로 신노동당에 의해 발전된 새로운 복지전달체계의 방향이 지방정부·민간조직으로의 더 많은 권한 이양과 탈집중화를 지향하고 있는데, 이는 우리에게 시사하는 바가 크다 하겠다(행자부·복지부·기획처, 2005).

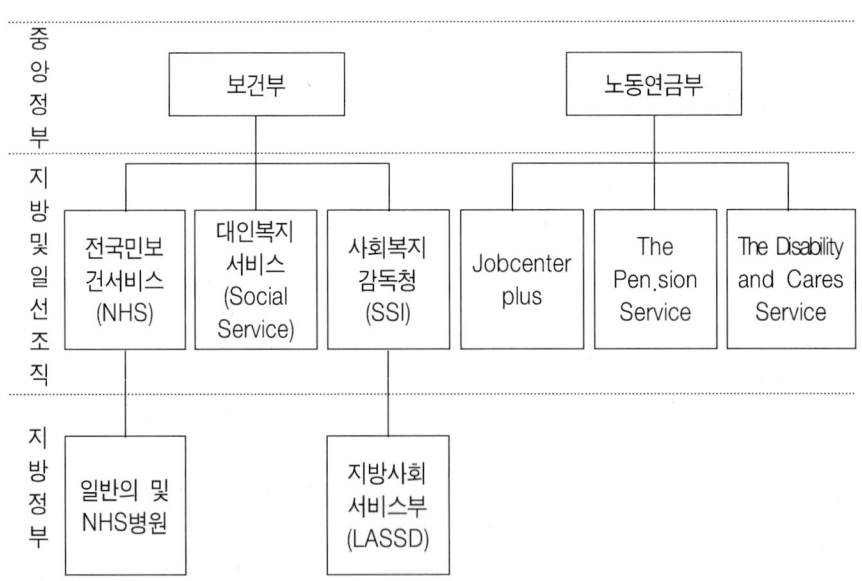

〈그림 3-2〉 영국의 노인상담 서비스전달체계

3. 미 국

미국의 경우 사회복지서비스 프로그램에 대한 정부 간 역할분담에 따
라 전달체계가 다르다. 미국의 사회복지서비스 프로그램은 연방정부가
담당한다고 해도 그 운영주체는 연방정부, 주정부, 지방정부에 따라 각
각 다르고, 이를 통합적으로 관리·운영하는 협조체계가 존재하지 않는
다. 비록 연방법에 의하여 제공되는 프로그램이라 할지라도 실제운영과
서비스의 제공은 주정부나 지방정부의 자율운영에 위임하기 때문에 주
또는 지방마다 서비스전달체계는 상이하게 나타나고 있다. 예를 들어,
노령연금 등 소득보장정책의 서비스는 보건 및 인간서비스성(DHSS) 지
역사무소 및 지방사무소 등을 통해 관리 운영되고 전달되고 있다.[23] 노
인을 위한 사회적 서비스는 연방정부의 보건복지부의 인간개발서비스국
내에 노인방(Administration On Aging)에서 제반정책을 입안하고 연방
정부의 노인청에서 주정부 및 지방정부의 복지국 산하 사회적 서비스부
또는 노인부 등을 통하여 전달되고 있다(최성재, 한국노년학).

---

[23] 현재 중앙에 DHSS를 두고, 전국을 10개 권역으로 구분하여 권역별로 지
역사무소(Regional Office), 1,300여개의 지방사무소를 통해 서비스를 전
달하고 있다(행자부·복지부·기획처, 2005).

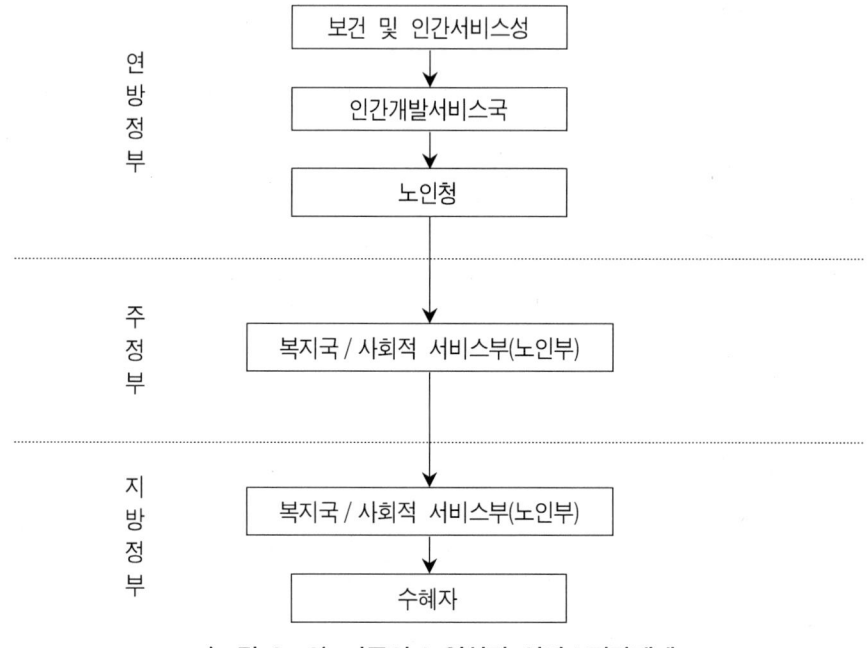

<그림 3-3> 미국의 노인상담 서비스전달체계

이와 같이 미국은 분리된 사회서비스체계의 비효율성을 감소시키기 위한 노력의 일환으로 최근에 미국의 각 지방정부는 사회복지 전달체계 의 개선을 도모하고 있으며, 특히 1996년에 단행된 일리노이 주 사회복 지 전달체계의 개편이 인상적이다. 일리노이주는 사회복지기관별로 단편 적으로 이루어지는 사회복지기능을 통합하기 위하여 일리노이주의 모든 사회복지기관을 일리노이주 사회복지부(DHS)로 통합하였다. 또 사회복 지서비스의 전달과정을 'One-Stop Service'체계로 전환하여 수혜자가 접수자(intake worker)에 의해 'Service coordinator'를 배정받게 되면, Service coordinator는 수혜자의 모든 면에 대한 서비스를 제공하게 되 었다. 따라서 수혜자는 복합적인 상담서비스를 받기 위하여 여러 기관을 방문할 필요도 없게 되어 상담서비스의 효율성과 효과성이 높아지게 되

었고, 여러 복지기관을 통합하게 함으로써 행정의 생산성이 제고되었다 (강천동, 2004). 끝으로 한 가지 덧붙인다면, 최근경향으로 연방정부 프로그램으로 각 주에서 실시되었던 공공부조(AFDC)가 1997년부터는 새로운 TANF 하에서 예산운영권과 함께 주정부로 이양되고, 또한 복지와 고용서비스를 연계하는 추세가 강화되고 있는데, 이는 우리에게 시사하는 바가 크다 하겠다(행자부·복지부·기획처, 2005).

제2절 국내현황

노인상담서비스 서비스전달체계의 구조는 크게 공공부분과 민간부분으로 구분할 수 있다. 현행 우리나라 노인상담 공적전달체계는 보건복지부에 의하여 국가의 사회복지시책에 따른 각 부서별 사업의 기본방향 및 정책이 수립된 후, 서울특별시, 광역시, 도에 시달되고, 시·도에서 기본방향 및 정책에 따라 시행계획을 수립하여 시·군·구에 하달되면 시·군·구에서 자체 행정계획을 수립, 직접 또는 읍·면·동을 통하여 수혜대상자에게 전달하는 전달과정으로 되어 있다. 하지만 보건복지부가 별도의 서비스 전달체계를 가지고 있지 않고, 행정자치부의 행정조직체계인 시·군·구, 읍·면·동의 지자체조직을 활용하고 있어 우리나라 노인상담서비스 전달체계는 수직적이고 이원화된 전달체계를 가지고 있다는 특색이 있다. 따라서 이러한 서비스 전달체계에 있는 노인상담 서비스부서의 업무수행의 문제점이 피드백을 통하여 중앙부서에 전달되는 경우가 드물며, 중앙부서는 일선기관의 행정보다는 중앙부서의 행정편의로 정책을 수립하는 경우가 많다(조성한, 1998).

우선 중앙정부의 상담서비스 조직에 관해 살펴보면, 중앙의 행정체제 중 대표적인 기관은 보건복지부로서 이곳에서는 노인복지정책의 입안과 노인복지사업의 방향을 결정하며, 노인복지 관련 법령과 규정을 제정 또는 개정하고 노인복지예산의 편성과 배정을 담당한다. 관련부서로는 사회복지정책실이 있고, 그 밑에 노인복지정책과, 노인요양보장과 등이 있다. 이 중 특히 노인복지정책과는 노인복지행정의 종합적인 계획을 수립하고 노인의 건강, 주거, 소득보장 및 여가시설 업무를 담당하고 있다(황진수, 2005).

시·군·구의 경우는 사회복지과에서 주로 중앙에서 결정된 공적 부조나 노인복지시설 등을 담당하고 있다. 노인복지법에 의하면 시·군·구에 노인상담원을 두도록 되어 있으나, 거의 일반 공무원이 노인복지상담원을 겸하고 있는 실정이다.

읍·면·동의 경우에는 보통 1~2명의 사회복지 담당자가 다른 업무도 겸하면서 노인상담업무도 수행하고 있다. 사회복지 전담공무원 현인원은 7,102명으로서 전담공무원 1인당 담당하는 기초보장수급가구는 평균 122가구로 나타난다(행자부·복지부·기획처, 2005).

그리고 각 행정조직의 재정 부담과 관련하여 살펴보면, 기본적으로 중앙정부 광역자치단체, 기초자치단체의 순으로 재정 부담이 이루어지고 있다. 물론 중앙정부가 재정부담의 대부분을 차지하고 있지만, 사업(급여 및 서비스)의 내용과 성격에 따라 각 행정조직의 비용부담률이 다르기 때문에 이를 일반화시키기는 어렵다. 예를 들어, 경로연금의 경우 국가 또는 지방자치단체가 부담하는 연금지급비용의 부담 비율은 국가가 100분의 70, 지방자치단체가 100분의 30으로 되어 있다. 다만 특별시의 경우에는 국가가 100분의 50, 특별시가 100분의 50으로 한다(노인복지법 제5항제45호1항). 그러나 2005년도부터 중앙정부에서 지방정부로 이양된 노인복지사업을 포함한 51개의 사회복지사업은 지방정부가 사업비용을 부담하게 되어 있다.

그 밖에 공공부문으로는 보건소법(제2조) 및 동법시행령(제2호)에 의해 시·군·구별로 보건소 1개소를 설치하고 있는데, 보건소의 조직은 각 지방자치단체에 따라 차이가 있다. 대체로 일반 시·군·구 보건소와 군 보건의료원 및 서울특별시 보건소 조직의 3가지 유형으로 분류된다. 고용안전센터는 자체적으로 설치된 '노인취업알선팀'에서 실시하고 있는 노인취업알선서비스 업무를 하고 있으며, 노인취업알선센터는 2004년 현재 대한노인회 시·도연합회 및 시·군·구 지회에 70개 센터가 설치되어 운영되고 있으나, 예산 지원 부족으로 노인들의 다양한 취업욕구를 충족시키기에는 미흡한 실정이다.

민간부분으로는 노인복지단체, 노인복지 이용시설 및 생활시설, 지역사회 복지협의회 등으로 구성되어 있으나 상호 독립적으로 운영되고 있어 유기적인 업무연락 및 협조가 이루어지고 있지 않고 있다. 또한 노인상담서비스는 노인복지회관 및 노인상담소 등을 제외하고 대체로 별도의 노인상담인력이나 시설이 마련되어 있지 않아 현업에 종사하는 직원들에 의해 부분적으로 행해지고 있다. 이러한 민간부문을 상담서비스 제공 유형에 따라 노인복지시설별로 구분하여 살펴보면 다음과 같다.

현행 노인복지법에서는 노인복지시설을 크게 노인을 시설에 수용하여 보호하기 위한 노인주거복지시설과 노인의료복지시설, 노인들의 사회참여를 위한 노인여가복지시설, 재가노인을 위한 재가노인복지시설 등 4유형 내에 18종류로 구분하고 있다(황진수, 2005). 보건복지부 자료에 따르면 2006년 12월 말 현재 노인복지시설은 전국에 노인주거복지시설 366개소, 노인의료복지시설 898개소, 노인여가복지시설 56,789개소, 재가노인복지시설 1,049 등 총 59,121개소로 나타났다. 시설에 수용되어 있는 입소인원은 전국에 노인주거복지시설 및 노인의료복지시설 51,763명, 재가노인복지시설 49,486명 등 총 101,249명에 이르는 것으로 나타났다. 시설에 근무하고 있는 종사인원은 전국에 노인주거복지시설 및 노인의료복지시설 21,189명, 노인여가복지시설 2,314명, 재가노인복지시설 4,535명 등 총 28,038명으로 나타났다.

이를 세부 시설별로 살펴보면, 노인주거복지시설 및 노인의료복지시설은 전국에 무료시설(무료양로, 무료노인양로, 무료노인전문요양 등)이 503개소·입소인원 25,963명·종사자 수 11,343명, 실비시설(실비양로, 실비노인요양, 실비노인전문요양 등)이 416개소·입소인원 9,428명·종사자 수 3,305명, 유료시설(유료양로, 유료노인요양, 유료노인전문요양, 노인전문병원, 유로노인복지주택 등)이 345개소·입소인원 16,372명·종사자 수 6,541명 등으로 나타났다. 노인여가시설은 전국에 노인복지회관이 183개소·종사자 수 2,314명, 경로당이 55,504개소, 노인교실 1,099개소, 노인휴양소 3개소 등으로 나타났다. 이를 볼 때, 우리나라에 노인여가시설은 주로 경로당을 중심으로 설치되어 있으며, 반면에 노인휴양시설은 거의 전무한 것으로 나타났다. 재가노인복지시설은 가정봉사원 파견시설이 523개소·이용인원이 42,063명·종사자 수 1,972명·가정봉사원수 19,849명(유급 1,834명, 무급 18,015명), 가정봉사원교육시설이 4개소·이용인원 558명·종사자 수 22명, 주간보호시설이 409개소·이용인원 5,824명·종사자 수 1,967명, 단기보호시설이 113개소·이용인원 1,041명, 종사자 수 574명 등으로 나타났다.

이를 지역 분포로 살펴보면, 노인주거복지시설 및 노인의료복지시설,

노인여가시설, 재가노인복지시설 등을 포함한 노인복지시설은 경기 8,458개소, 전남 7,804개소, 경북 7,055개소, 경남 6,410개소, 전북 6,000개소, 충남 5,457개소, 충북 3,827개소, 서울 3,352개소, 강원 2,681개소, 부산 2,262개소 등의 순으로 나타나, 이를 시·도별 노인인구를 감안했을 때 전국적으로 노인복지시설이 골고루 분포되어 있지 않다는 것을 말한다. 노인주거복지시설 및 노인의료복지시설은 경기 328개소, 전북 143개소, 경북 99개소, 충북 86개소, 충남 82개소 등의 순으로 나타났다. 이중 경기도가 328개소로 압도적으로 시설수가 많은데, 이는 경기도자체의 시설수요뿐만 아니라 서울(59개소)의 시설수요까지 충족시키는 데 그만큼 많은 시설이 필요했으리라고 해석할 수 있다. 노인여가복지시설은 경기 7,958개소, 전남 7,628개소, 경북 6,892개소, 경남 6,273개소 등의 순으로 나타났다. 이 중 노인복지회관은 경기 35개소, 서울 26개소, 경남 18개소, 전남 16개소, 부산 10개소, 인천 10개소 등의 순으로 나타났고, 경로당은 경기 7,783개소, 전남 7,527개소, 경북 6,808개소, 경남 6,167개소 등의 순으로 나타났다. 노인여가복지시설의 경우도 경기도가 역시 시설 수에서 가장 많은데, 이는 경기도 노인수를 감안할 때 예상했던 순위라 할 수 있으나, 전남은 노인수를 고려할 때 시설 수에서 서울, 부산을 제치고 2위순 위를 보인 것은 예상 밖의 순위라 할 수 있다. 재가노인복지시설은 경기 172개소, 서울 141개소, 부산 97개소, 전북 93개소, 전남 89개소, 경북 64개소 등의 순으로 나타났다.

이 밖에 시·군·구 단위로 현재 약 30개가 설립되어 있으며 앞으로 더욱 확대될 전망인 '지역사회복지협의회'와 노인상담소 등의 민간조직이 있다(최균, 2001).

이상으로 살펴본 바와 같이 지역별 복지시설이 도시별 인구수에 맞게 분포되어 있지 않다는 것은 지방정부의 재정자립도, 자치단체장의 노인복지에 대한 정책의지, 노인들의 호응도 등 여러 요인에 따라 지방 자치단체별로 독립적으로 발전하고 있다는 것을 유추할 수 있다. 이런 점에서 앞으로 고령화 가속화에 따른 상담서비스수요의 급속한 증가를 앞두고 중앙정부에서 상담서비스 계획수립 및 운영의 결정권과 예산편 성권을 지방정부에 대폭 위임하여 중앙정부의 업무부담도 줄이고, 행정 의 효율성도 도모하며 지방정부로 하여금 지역특성에 맞는 자율적이고 수혜자중심의 상담서비스업무를 수행할 수 있도록 하는 정책적 결단과 실천이 필요한 시점이라 생각한다. 또한 지역적으로, 시설별로, 프로그 램별로 산재되어 있는 상담서비스업무를 연계·조정하여 단일 창구화할 수 있는 상담전담 부서를 설치하여 인적·물적·행정적 자원의 낭비를 방지하고 서비스의 효과성을 높이며, 노인수혜자가 '원스톱 서비스'로 모든 문제에서 상담서비스를 제공받을 수 있도록 하는 전달체계의 개 편이 요구된다 하겠다. 아울러 정책당국자들은 통합 상담 전담창구를 설치할 때 노인들이 쉽게 이용할 수 있도록 우선적으로 접근성과 편의 성을 고려해야 한다는 것을 인식해야 할 것이다.

〈표 3-1〉 연도별 노인 복지시설 현황

(단위: 개소, 명)

종 류	시 설		2006		2005		2004		비 고
			시설수	입소정원	시설수	입소정원	시설수	입소정원	
합 계			59,121		56,518		53,461		
노인주거복지시설	소 계		366	16,074	282	13,289	139	9,420	
	양로시설(무료)		145	5,780	137	6,051	78	4,972	
	실비양로시설		132	2,267	64	1,126	12	363	
	유료양로시설		74	4,462	69	3,954	41	2,853	
	실비노인복지주택								
	유료노인복지주택		15	3,565	12	2,158	8	1,232	
노인의료복지시설	소 계		898	52,628	583	35,172	382	26,515	
	노인요양시설(무료)		174	11,546	149	10,321	131	9,384	
	실비노인요양시설		260	9,099	123	4,819	42	2,310	
	유료노인요양시설		103	2,381	84	2,189	41	985	
	노인전문요양시설(무료)		184	13,445	139	10,436	108	8,539	
	실비노인전문요양시설		24	1,518	5	520	1	100	
	유료노인전문요양시설		70	2,600	43	1,678	34	1,564	
	노인전문병원		83	12,039	40	5,209	25	3,633	
노인여가복지시설	소 계		56,789		54,785		52,261		
	노인복지회관		183		163		152		
	경로당	소 계	55,504		53,616		51,287		
		신 고	54,848		52,786		50,682		
		미신고	656		830		605		
	노인교실		1,099		1,002		819		
	노인휴양소		3		4		3		
재가노인복지시설	소 계		1,049	51,699	851	40,002	662	30,862	
	가정봉사원파견시설		523	42,832	399	32,752	300	24,836	
	가정봉사원교육시설		4	903	3		2		
	주간보호시설		409	6,557	346	5,682	278	4,849	
	단기보호시설		113	1,407	103	1,568	82	1,177	
노인보호전문기관	노인보호전문기관		19		17		17		

자료: 보건복지부(2007)

<표 3-2> 2007년 지역별 노인복지시설 현황

시도	65세 이상 노인인구	총시설수	노인주거복지시설 및 노인의료복지시설				노인여가복지시설				재가노인복지시설			
			시설수	입소인원 정원	입소인원 현원	종사자 수	시설수	입소인원 정원	입소인원 현원	종사자 수	시설수	입소인원 정원	입소인원 현원	종사자 수
합계	4,566,733	59,121	1,264	58,702	51,763	21,189	56,789	–	–	2,314	1,049	51,699	49,486	4,535
서울	780,900	3,352	59	4,830	3,710	1,812	3,152	–	–	681	141	4,681	4,841	661
부산	322,019	2,262	41	3,237	2,473	958	2,124	–	–	91	97	4,829	4,241	434
대구	206,158	1,350	28	1,762	1,429	633	1,267	–	–	69	55	2,913	2,892	213
인천	189,940	1,307	51	3,059	2,387	1,011	1,222	–	–	106	34	1,685	1,683	134
광주	105,802	1,157	20	1,099	928	312	1,087	–	–	72	50	3,147	2,590	214
대전	105,716	794	38	2,273	1,768	979	725	–	–	69	31	1,263	1,150	125
울산	61,419	755	23	1,168	634	324	703	–	–	42	29	1,192	1,297	114
경기	807,582	8,458	328	328	12,627	4,728	7,958	–	–	551	172	7,157	6,424	846
강원	192,012	2,681	81	81	2,490	1,115	2,545	–	–	48	55	3,258	3,243	204
충북	175,914	3,827	86	86	2,207	795	3,721	–	–	67	20	742	815	75
충남	271,346	5,457	82	82	2,743	1,109	5,339	–	–	111	36	2,132	1,912	166
전북	252,029	6,000	143	143	6,533	2,348	5,764	–	–	75	93	5,893	5,882	410
전남	316,926	7,804	87	87	2,815	1,110	7,628	–	–	111	89	4,790	4,640	309
경북	372,354	7,055	99	99	4,061	1,756	6,892	–	–	72	64	2,946	2,964	269
경남	337,931	6,410	76	76	3,855	1,657	6,273	–	–	134	61	3,843	3,759	248
제주	58,685	433	22	22	1,103	542	389	–	–	15	22	1,328	1,153	113

자료: 보건복지부(2007)

이상으로 살펴본 바와 같이 수직적이고 이원화된 공공부문 전달체계와 이합집산적이고 병렬적인 민간부문 전달체계로 특징지어지는 우리나라의 노인상담서비스 전달체계는 공공부문 전달체계를 중심으로 다음과 같은 연계조직 및 구조를 가지고 있다고 할 수 있다.

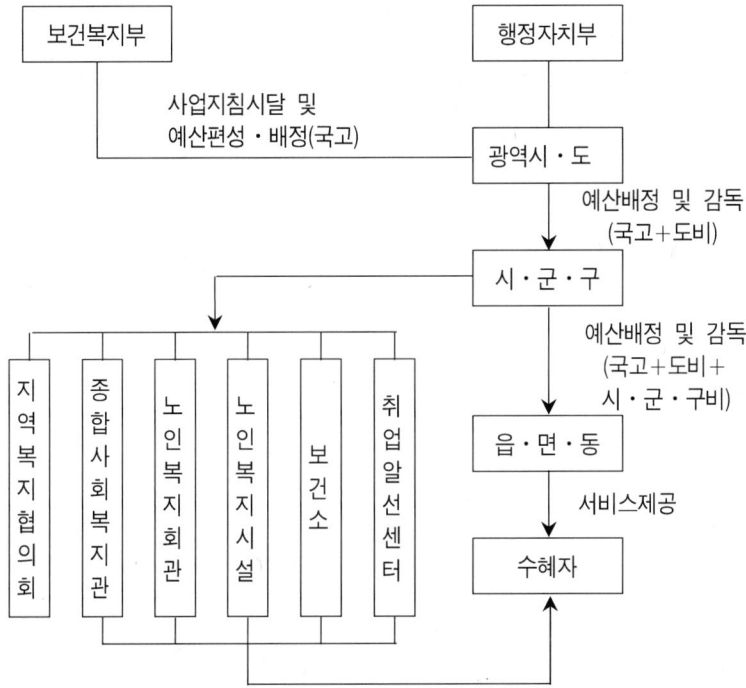

〈그림 3-4〉 우리나라의 노인상담 서비스전달체계

제3절 국내 외 현황 비교 및 시사점

이상에서 살펴본 바와 같이 우리나라의 경우 공공부문의 수직적·이원적 및 민간부분의 이합집산적인 전달체계형성, 일본은 지방자치단체의 복지사무소와 민생위원을 중심으로 전달체계 구축, 영국은 중앙정부와 지방정부의 사회복지서비스 업무수행에 있어 역할 분담에 따른 전달체계 형성, 미국은 지방정부의 독립적이고 다양한 전달체계 구성 등 각 나라가 나름대로 효율적인 전달체계를 운영하고 있다. 이에 우리나라와 선진국들의 노인서비스 전달체계의 특성 및 장단점 비교, 이에 따른 시사점을 모색함으로써 우리나라의 노인상담 전달체계의 개선 및 정책대안을 제시하는 데 참고하고자 한다.

첫째, 우리나라의 이원적이고 분산적인 전달체계와 달리 선진국의 경우 지방정부가 각 지역에 제일선 서비스 통합창구를 설치함으로써— 일본은 복지사무소, 영국은 지방사회서비스부, 미국(일리노이주)은 사회복지부— 지역사회의 특성에 맞게 통합적인 'One-Stop Service'를 제공하고 있다.

둘째, 수혜자와의 상담 및 그에 따른 맞춤형서비스 제공에 한계를 보이고 있는 공적전달체계의 문제점을 보완하는 제도로서 일본의 자원봉사를 활용한 민생위원제도는 상담서비스 전달체계구축에 있어 전형적인 지역 인적자원의 활용방안을 보여주고 있다. 우리나라도 일본의 민생위원제도와 유사한 제도로서 개정 사회복지 사업법에 의거 기초자치단체별로 지역사회복지협의회를 설치하도록 되어 있으나 아직 미흡한 실정이다(전국적으로 약 30여 개 설립).

셋째, 미국 및 영국의 경우 급여 등 소득보장정책서비스[24]는 중앙정부가 관리·운영하며, 지방사무소를 통해 직접 전달한다. 우리나라도 각 중앙부처별로 산재된 노인 소득보장 서비스 업무를 통합 운영하여

---

24) 우리나라의 경우 군인연금법을 주관하는 국방부, 공무원연금법을 주관하는 행정자치부, 기업연금과 관련된 노동부, 교직원연금과 관련된 교육부 등 거의 모든 중앙부서가 노인 소득보장서비스와 직·간접적으로 관련돼 있다.

최일선 단일창구를 통해 서비스가 제공될 필요가 있다.

넷째, 미국, 영국의 경우 비록 중앙정부가 개발하고 재정적으로 지원하는 프로그램이라 할지라도 실제 운영과 서비스제공은 지방정부의 자율운영에 위임한다. 우리나라도 2005년도부터 지방화시대에 부흥하여 사회복지관련 51개의 업무가 지방정부에 이양되었다. 그러나 중앙정부의 업무가 이양되면 예산도 함께 배정돼야 함에도 불구하고 예산배정이 이루어지지 않았다. 즉 지방정부에서 업무를 독립적으로 수행하는 대신 예산도 지방정부의 예산으로 집행하라는 뜻이다. 취약한 지방정부의 재정을 고려해 볼 때 이는 결국 노인상담서비스를 포함한 사회복지 업무의 후퇴가 될 수밖에 없다(김진희, 2007). 따라서 지방자치시대를 맞아 우리나라 중앙정부도 취약한 지방정부에 재정지원을 하되 자율권 및 운영권은 대폭 확대시켜야 할 것이다.

다섯째, 일본의 복지사무소 인력이 전문성이 부족하다는 점, 영국에서 LASSD의 국장의 선발기준으로 전문성을 매우 중요시한다는 점 등 상담서비스 전달체계의 인력구성에 있어서 전문성이 매우 중요하다는 것이다.

여섯째, 지역거점으로서 상담전담창구를 설치할 경우 일본의 복지사무소의 문제점으로 지적되고 있는 접근성과 편의성 등을 반드시 고려해야 한다. 벤치마킹하여 지역거점으로서 상담전담창구를 설치할 경우, 반드시 접근성과 편의성 등을 고려하여야 한다. 따라서 접근성과 편의성 측면에서 일선 읍·면·동사무소가 유력한 상담전담창구 후보지가 될 수 있다고 판단된다.

일곱째, 최근 선진국의 사회복지 전달체계의 일반적 경향은 '복지의 지방 분권화'와 '복지·노동·보건25) 등 관련서비스의 통합 제공'이 추

---

25) '95년부터 전국 5개 지역에 보건·복지서비스의 연계 및 통합을 목적으로 보건복지사무소 시범사업이 전개되었으나, 주민 접근성의 문제 등 여러

세이다. 이는 우리나라의 전달체계의 개편에 있어서 지방정부 중심의
통합서비스망 구축이라는 방향제시를 해주고 있다고 해석할 수 있다.

이유로 활성화되지 못했다. 따라서 이에 대한 심도 있는 조사와 연구를
병행하여 문제점을 발견하고 보완하여 정착시켜야 할 것이다(변재관외,
1999).

제**4**장 조사방법 및 분석결과

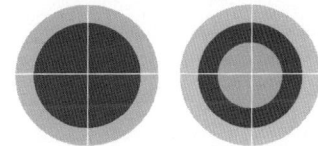

조사방법 및 분석 결과

제1절 조사방법 및 표본

1. 자료수집방법

본 연구를 위한 자료는 노인상담 서비스전달체계의 기관종사자와 수혜자인 노인을 대상으로 설문조사를 통해 얻어졌다. 기관종사자의 경우 중앙정부는 보건복지부의 사회복지 업무 담당공무원 18명, 지방정부는 서울시 및 각 구청 노인복지 담당 공무원 59명 및 동사무소 사회복지 담당 공무원 20명, 서울지역 내에 노인복지회관의 종사자 57명을 대상으로 설문조사를 실시하였다. 노인상담서비스 수혜자는 서울시에 위치하고 있는 노인복지회관 이용자 85명을 대상으로 하였다.

설문조사는 2007년 5월 8일부터 5월 11일까지 3일 동안 연구자가 해당부처에 설문조사에 대한 협조를 구한 후 조사원이 관련 부처의 담당부서를 방문하여 직접 배포하고 직접 회수하는 방식으로 이루어졌다.

조사대상으로 노인상담 전달체계 담당자의 경우 중앙정부―광역자치단체―지방자치단체의 순으로 이어지는 현행 노인상담 서비스전달체계의 행정 및 집행주체로서 보건복지부, 서울시, 구청 및 동사무소 등의 업무담당자를 선정하였으며, 노인복지기관 종사자의 경우 노인들에게 상담서비스를 제공하는 대표적인 민간상담기관으로서 노인복지회관 종사자로 선정하였다. 또한 노인의 경우 노인복지회관에서 노인들에게 비교적 다양한 상담서비스를 제공하고 있고, 다수의 노인을 접촉할 수 있기 때문에 노인복지회관 이용 노인을 조사대상으로 선정했다.

2. 분석방법

수집된 자료는 SPSSWIN 14.0프로그램을 이용하여 분석하였다. 분석방법은 빈도분석, 백분율, 카이검증, t검증, 일원변량분석(One-Way ANOVA), Duncan의 사후검증을 실시하였다.

3. 표본의 특성

기관종사자(중앙부처, 서울시 및 구청, 동사무소, 사회복지사)와 노인을 대상으로 총 250부를 배포하여 239부의 설문지가 분석에 사용되었다. 분석에 사용된 표본의 특성은 <표 4-1>과 같다. 먼저 기관종사자의 경우 직종을 살펴보면, 지방 공무원이 38.3%, 복지관 37.0%, 동사무소 13.0%, 중앙공무원 11.7%의 순으로 나타났다. 직급을 보면 6~7급이 35.7%로 가장 높았으며 사회복지사 27.3%, 8~9급 24.0%의 순으로 나타났다. 한편, 노인복지업무 담당기관은 1~3년 미만이 33.3%, 5년 이상이 29.6%의 순으로 나타났다. 노인복지담당기간은 1~3년 미만이 38.7%

가 가장 많았으며 그 다음으로 1년 미만이 27.3%의 순으로 나타났다.

노인대상 조사결과를 살펴보면, 지역적으로 강남지역이 52.4%로 가장 많았다. 성별을 보면 여성노인이 55.3%로 남자노인 44.7%보다 많았다. 연령은 70대가 48.8%로 가장 많았으며 주거상황은 혼자 사는 집단이 20.2%로 가장 많았으며 시설거주 또한 17.9%의 순으로 나타났다. 생활비는 50만 원 미만이 35.7%, 50~100만 원 미만이 31.4%로 나타났다.

〈표 4-1〉 조사대상자의 일반적 특성

기관종사자(N = 154)[1]				노인(N = 85)[1]			
변 수		명	%	변 수		명	%
직종	중앙공무원	18	11.7	지역	강남지역[2]	44	52.4
	지방공무원	59	38.3		강북지역[3]	40	47.6
	노인복지관	57	37.0	성별	남	38	44.7
	동사무소	20	13.0		여	47	55.3
직급	5급 이상	7	4.7	연령	60대	20	24.4
	6~7급	55	35.7		70대	40	48.8
	8~9급	37	24.0		80대 이상	22	26.8
	사회복지사	42	27.3	주거 상황	부부만	33	39.3
	기타	8	5.3		부부+기혼자녀	12	14.3
사회 복지 담당 기간	1년 미만	17	12.7		부부+미혼자녀	7	8.3
	1~3년 미만	45	33.3		혼자	17	20.2
	3~5년 미만	33	24.4		시설거주	15	17.9
	5년 이상	40	29.6	생활비	50만 원 미만	25	35.7
노인 복지 담당 기간	1년 미만	41	27.3		50~100만 원 미만	22	31.4
	1~3년 미만	58	38.7		100~150만 원 미만	12	17.1
	3~5년 미만	25	16.7		150만 원 이상	11	15.7
	5년 이상	26	17.3				
전 체		154	100.0	전 체		85	100.0

1) 무응답으로 인해 사례수가 다를 수 있음
2) 강북지역=성북구, 종로구, 동대문구, 성동구, 중랑구, 중구, 광진구
3) 강남지역=동작구, 강남구, 영등포구, 강동구, 강서구, 송파구

제2절 조사결과의 분석 및 결과

1. 상담경험에 대한
기초통계분석: 노인기초통계분석

1) 상담의 필요성에 대한 인식

조사대상 노인의 상담의 필요성에 대해 살펴본 결과(<표 4-2-1>), 전체적으로 노인의 상담의 필요성 인식에서 '필요하다' 45%, '필요 없다' 55%로서 우리나라 노인들은 아직 상담의 필요성에 대한 인지도가 낮은 편으로 보인다. 특성(성별, 연령별, 주거상황별)별로는 먼저 성별의 경우, 남성의 경우 상담이 '필요 없다'와 '필요 있다'가 각각 50.0%로 나타났으며 여성의 경우는 상담이 '필요 없다'가 59.6%로 '필요하다' 40.4%보다 높게 나타났다.

연령의 경우 60대의 경우 상담이 '필요 없다'가 70%, 70대는 51.3%가 '필요 없다'라고 응답한 반면, 80대 이상에서는 '필요 하다'가 52.4%로 '필요 없다' 47.6%보다 높게 나타났다. 주거상황의 경우, 부부끼리만 사는 집단의 경우 상담이 '필요하다'가 51.5%였으며, 부부와 결혼자녀와 함께 사는 집단에서는 '필요 없다'가 63.6%로 높게 나타났다.

한편 부부와 미혼자녀로 구성된 집단의 경우 상담이 '필요 없다'가 66.7%였으며, 혼자 사는 집단은 상담이 '필요 없다'가 52.9%로 '필요하다' 42.9%보다 높게 나타났다. 또한 시설거주집단에서도 상담이 '필요 없다'가 57.1%로 '필요하다'의 42.9%보다 높게 나타났다. 그러나 조사대상자의 일반적 특성(성별, 연령별, 주거상황)에 따른 상담의 필요성에 유의한 차이가 있는가 x^2 검증한 결과, 통계적으로 유의한 차이를 나타내지 않았다.

우리나라 노인들이 상담의 필요성에 대한 인지도가 낮은 근거는 본 연구에서 확인할 수 없고, 추론의 대상일 뿐이다. 상담에 대한 필요성이 낮은 근거를 추론해 보자면, 정부나 매스컴의 홍보부족, 노인문제가 심각하지 않다는 인식, 노인 자신의 무관심 등을 언급해 볼 수 있겠다.

〈표 4-2〉조사대상자 노인의 상담 필요성

변 수	상담필요	필요 없다	필요하다	전체	x^2
성 별	남	18(50.0)	18(50.0)	36(43.4)	.76
	여	28(59.6)	19(40.4)	47(56.6)	
연 령	60대	14(70.0)	6(30.0)	20(25.0)	2.50
	70대	20(51.3)	19(48.7)	39(48.8)	
	80대 이상	10(47.6)	11(52.4)	21(26.3)	
주거상황	부부만	16(48.5)	17(51.5)	33(40.7)	1.26
	부부+자녀부부	7(63.6)	4(36.4)	11(13.6)	
	부부+미혼자녀	4(66.7)	2(33.3)	6(7.4)	
	혼자거주	9(52.9)	8(47.1)	17(21.0)	
	시설거주	8(57.1)	6(42.9)	14(17.3)	

*p<.05, **p<.01, ***p<.001

2) 상담 경험 유무

조사대상자의 상담 경험에 대해 살펴본 결과(<표 4-3>), 전체적으로 노인의 상담경험 유무분포는 '없다'가 60%, '있다'가 40%로 우리나라 노인은 상담경험이 적은 편으로 나타났다. 먼저 성별의 경우 남성노인은 상담

경험이 '없다'가 53.3%, 여성노인의 경우도 상담 경험이 '없다'가 65.6%로 두 집단 모두 상담경험이 없는 비율이 높게 나타났다. 연령에 따른 상담경험 유무를 보면, 60대, 70대, 80대 이상 집단 모두 상담이 경험이 '없다'가 각각 64.8%, 63.3%, 52.9%로 상담 경험이 있는 비율보다 높게 나타났다. 주거상황에 따른 상담경험 유무를 살펴보면, 부부만 사는 집단의 경우 상담 경험이 '없다' 51.9%, 부부와 자녀부부가 함께 사는 집단의 경우도 상담 경험이 '없다' 66.7%, 부부와 미혼자녀 집단의 경우 상담 경험이 '없다' 80.0%, 혼자 사는 집단의 경우 상담 경험이 '없다' 61.5%, 시설거주집단에서 상담경험이 '없다'가 57.1%로 나타나 상담경험이 '있다'보다 대체로 높은 비율을 나타냈다. 그러나 통계적으로 유의미한 차이는 나타나지 않았다. 이와 같이 노인이 전반적으로 상담경험이 적다는 조사결과에 대한 근거는 추론의 대상이나, 한 가지 가능한 설명은 상담기관차원에서 홍보부족에 따른 상담에 대한 노인의 인지도 부족과 함께 상담서비스의 이용 용이성, 즉 접근성과 편의성 면에서 장애요인이 있을 수 있는 것으로 해석할 수 있다.

<표 4-3> 조사대상자 노인의 상담 경험

변　수	상담경험	없　다	있　다	전　체	x^2
성　별	남	16(53.3)	14(46.7)	30(48.4)	.97
	여	21(65.6)	11(34.3)	32(51.6)	
연　령	60대	9(64.3)	5(35.7)	14(23.0)	.59
	70대	19(63.3)	11(36.7)	30(49.2)	
	80대 이상	9(52.9)	8(47.1)	17(27.9)	
주거상황	부부만	14(51.9)	13(48.1)	29(44.3)	1.75
	부부+자녀부부	6(66.7)	3(33.3)	9(14.8)	
	부부+미혼자녀	4(80.0)	1(20.0)	5(8.2)	
	혼자거주	8(61.5)	5(38.5)	13(21.3)	
	시설거주	4(57.1)	3(42.9)	7(11.5)	

*p<.05, **p<.01, ***p<.001

3) 상담 대상자

조사대상 노인이 주로 상담하시는 분이 누구인지 상담 대상자를 분석한 결과(<표 4-4>), 전제적으로 노인의 상담대상자에 대한 응답비율은 친구·친척·이웃이 47%로 가장 많았으며, 그다음에 기관 직원 25%, 가족 22%, 종교인 6% 등의 순이었다. 친구 등이 응답비율이 가장 높은 이유는 뒤에 나오겠지만 친구 등이 가장 편한 상대이기 때문인 것으로 해석된다. 특성별로는 우선성별의 경우 남자 노인의 경우 상담대상자로 '친구. 친척 이웃'이 53.6%, '가족'이 28.6%의 순으로 가장 많았으며 여자노인의 경우 '친척. 친구. 이웃'이 41.7%, '기관 직원' 38.9%의 순으로 나타났으며 통계적으로 유의미한 차이가 나타났다 (p<.05). 남성노인보다는 여성노인이 상담대상자로서 기관 직원을 훨씬 더 선호하고 있다. 연령의 경우 60대 집단에서 '친척. 친구. 이웃'을 52.9%, 70대 집단에서 '친척. 친구. 이웃' 40.7%, 80대 이상 집단에서 상담대상자로 '친척. 친구. 이웃' 52.9%를 응답한 것으로 보아 통계적으로 유의미한 차이가 나타나지 않음을 알 수 있다.

한편, 주거상황에 따른 상담 대상자를 살펴보면, 부부끼리만 사는 집단은 상담대상자로 '친척. 친구. 이웃'을 응답한 비율이 61.5%로 가장 많았으며, 부부와 자녀부부집단에서도 상담대상자로 '친척. 친구. 이웃'을 응답한 비율이 60.0%로 가장 많았다. 또한 부부와 미혼자녀집단도 60.0%가 상담대상자로 '친척. 친구. 이웃'을 응답하였으며 혼자 거주하는 집단의 경우 '친척. 친구. 이웃'과 '기관 직원'을 상담대상자로 응답한 비율이 각 33.3%로 가장 많았다. 시설거주집단은 상담대상자로 '기관 직원'을 응답한 비율이 90.9%로 가장 많았으며 집단 간 통계적으로 유의미한 차이를 나타냈다(p<.001).

혼자 거주하는 집단이 기관 직원을 상담대상자로 응답한 비율이 비교적 높은 것은 기초생활 보장이나 재가복지서비스 등 기관 직원과 자주 접촉하면서 자신의 문제를 의논하는 현실을 반영한 것으로 보인다. 더군다나 시설거주 노인의 경우는 늘 기관 직원을 접촉하면서 전적으로 기관 직원의 보살핌에 의하여 일상생활을 영위하기 때문에 거의 전적으로 기관 직원을 상담대상으로 인식하고 있다. 여기서 한 가지 특이한 사항은 가족들을 상담대상자로 응답한 비율은 전혀 없었다. 이는 가족들과 접촉할 기회가 거의 없고, 또 가족들로부터 버림받았다고 생각하는 것이 아닌지 추론된다.

〈표 4-4〉 조사대상자 노인의 상담 대상자

변 수	상담대상자	가족	친구·친적·이웃	종교인	기관 직원	전체	x^2
성 별	남	8(28.6)	15(53.6)	3(10.7)	2(7.1)	28(43.8)	9.43*
	여	6(16.7)	15(41.7)	1(2.8)	14(38.9)	36(56.3)	
연 령	60대	2(11.8)	9(52.9)	3(17.6)	3(17.6)	17(27.9)	13.51
	70대	10(37.0)	11(40.7)	1(3.7)	5(18.5)	27(44.3)	
	80대 이상	1(5.9)	9(52.9)	—	7(41.2)	17(27.9)	
주거상황	부부만	9(34.6)	16(61.5)	—	1(3.8)	26(40.6)	42.46***
	부부+자녀부부	2(20.0)	6(60.0)	1(10.0)	1(10.0)	10(15.6)	
	부부+미혼자녀	1(20.0)	3(60.0)	1(20.0)	—	5(7.8)	
	혼자거주	2(16.7)	4(33.3)	2(16.7)	4(33.3)	12(18.8)	
	시설거주	—	1(9.1)	—	10(90.9)	11(17.2)	

*p<.05, **p<.01, ***p<.001

4) 상담 대상 선택 이유

상담 대상자를 선택의 이유를 분석한 결과(<표 4-5>), 전체적으로 상담 대상 선택이유에 대한 응답분포는 '편한 상대'가 63%로 가장 많고, 다음으로 '고민해결'이 15% 및 '비밀보장'이 14%, 그리고 '환경 비슷'이 8% 등의 순으로 나타났다. 특성별로는 우선성별의 경우 남자노인의 경우 '편한 상대라서'가 64.0%로 가장 많았으며 여자노인의 경우도 '편한 상대'이기 때문에가 61.8%로 가장 많았으나 통계적으로 유의미한 차이는 나타나지 않았다. 연령의 경우 60대 집단은 '편한 상대'이기 때문에가 66.7%, 그다음이 '고민해결'로 26.7%의 순으로 나타났다. 70대 집단에서는 '편한 상대'이기 때문에가 66.7%, '비밀보장'이 되기 때문이 26.7%의 순으로 나타났다. 80대 이상 집단에서도 '편한 상대'이기 때문이 66.7%, '고민해결'이 26.7%의 순으로 나타났다. 통계적으로 유의미한 차이는 없었다.

한편 주거상황에 따른 상담 대상자 선택 이유를 분석해 본 결과, 부부만 사는 집단의 경우 '편한 상대'이기 때문이 70.8%, '비밀 보장' 때문이 20.8%의 순이었으며 부부와 자녀부부집단에서는 '편한 상대'이기 때문이 75.0%로 가장 많았으며 부부와 미혼자녀집단에서도 '편안 상대'이기 때문이 60.0%로 가장 많았다. 혼자 사는 집단의 경우 '편한 상대'이기 때문이 36.4%였으며 그 다음으로 '고민을 해결'해 줄 수 있기 때문이 27.3%의 순으로 높게 나타났다. 시설거주집단에서도 '편한 상대'이기 때문이 63.6%, 다음으로 '고민을 해결'해 줄 수 있기 때문이어서가 36.4%의 순으로 나타났으며 통계적으로 유의미한 차이가 나타나지 않았다.

이와 같이 노인이 상담대상자를 선택한 이유로 '편한 상대'가 가장 많다는 조사결과는 상담자로 하여금 노인이 편안한 분위기를 느낄 수 있도록 자신의 복장, 말투, 상담실 실내장식 등 수용적이고, 친밀한 상

담환경이 되도록 유의하고, 신뢰적이고, 공감적이고, 개방적인 분위기를
조성해야 할 필요성을 시사하는 것이라 할 수 있다.

<표 4-5> 조사대상자 노인의 상담 대상자 선택 이유

변 수	상담선택이유	비밀보장	편한 상대	고민해결	환경비슷	전체	x^2
성 별	남	5(20.0)	16(64.0)	3(12.0)	1(4.0)	25(42.4)	2.67
	여	3(8.8)	21(61.8)	6(17.6)	4(11.8)	34(57.6)	
연 령	60대	1(6.7)	9(60.0)	4(26.7)	1(6.7)	15(26.3)	8.57
	70대	5(18.5)	18(66.7)	1(3.7)	3(11.1)	27(47.4)	
	80대 이상	–	10(66.7)	4(26.7)	1(6.7)	15(26.3)	
주거상황	부부만	5(20.8)	17(70.8)	1(4.2)	1(4.2)	24(40.7)	16.06
	부부+자녀부부	1(12.5)	6(75.0)	–	1(12.5)	8(13.6)	
	부부+미혼자녀	–	3(60.0)	1(20.0)	1(20.0)	5(8.5)	
	혼자거주	2(18.2)	4(36.4)	3(27.3)	2(18.2)	11(18.6)	
	시설거주	–	7(63.6)	4(36.4)	0	11(18.6)	

*p<.05, **p<.01, ***p<.001

5) 상담내용

조사대상 노인의 상담내용을 분석한 결과(<표 4-6>), 전체적으로 상
담내용의 응답분포는 '건강문제'가 52%로 가장 많고, 다음에 '마음의
안정' 22% 및 '경제적 문제' 17% 등의 순으로 많고, 그리고 '복지서비
스'는 9%로 적게 나타났다. 특성별로는 우선성별의 경우 남성노인의 경
우 상담내용이 '건강문제'가 58.6%로 가장 많았으며 그 다음은 '경제문
제' 17.2%의 순으로 나타났다. 여성노인의 경우는 '건강문제'가 47.4%,
'마음의 안정'이 필요할 때가 28.9%의 순이었다. 연령대에 따른 상담내

용의 차이를 보면, 60대 집단에서는 '마음의 안정'이 필요할 때가 41.2%, '건강문제'가 35.3%의 순으로 높게 나타난 반면 70대 집단에서는 '건강문제'가 65.5%로 가장 많았으며 그 다음이 '마음의 안정'이 필요할 때와 '경제적 문제' 각 13.8%의 순으로 나타났다. 80대 이상 집단에서도 '건강문제'가 38.9%로 가장 많았으며 그 다음으로 '경제문제'와 '마음의 안정'이 필요할 때 22.2%의 순으로 높게 나타났다.

주거상황에 따른 상담내용을 분석한 결과, 부부만 사는 집단은 '건강문제' 때문이 59.3%로 가장 높았으며, 부부와 자녀부부 집단은 '건강문제'와 '복지서비스 정보' 때문이 각 40.0%로 가장 높았으며 부부와 미혼자녀 집단의 경우도 '건강문제'가 80.0%로 가장 높았다. 혼자거주 집단에서도 '건강문제'가 50.0%, '경제적 문제' 21.4%의 순으로 나타났다. 시설거주집단의 경우 마음의 안정을 위해서가 45.5%로 가장 높았으며 건강 때문이 36.3%의 순으로 나타났다. 그러나 성별, 연령, 주거상황별 유의한 통계적 차이는 나타나지 않았다.

이와 같이 노인의 상담내용 중에서 '건강문제'가 가장 많이 나타난 조사 결과는 노인의 가장 심각한 문제를 경제적 문제로 보는 일반적 인식과 다르다는 것을 시사하고 있다. 이에 대한 근거로는 노인들의 평균수명이 길어지면서 노인들도 사회의 한 구성원으로 자아실현 발현 및 사회참여활동을 하기 위해서는 무엇보다 신체적 건강이 필요하기 때문인 것으로 추론할 수 있겠다.

〈표 4-6〉 조사대상자 노인의 상담내용

변 수	상담내용	건강	경제	정서적	복지 서비스	전체	x^2
성별	남	17(58.6)	5(17.2)	4(13.8)	3(10.3)	29(43.3)	2.22
	여	18(47.4)	6(15.8)	11(28.9)	3(7.9)	38(56.7)	
연령	60대	6(35.3)	3(17.6)	7(41.2)	1(5.9)	17(26.6)	7.92
	70대	19(65.5)	4(13.8)	4(13.8)	2(6.9)	29(45.3)	
	80대 이상	7(38.9)	4(22.2)	4(22.2)	3(16.7)	18(28.1)	
주거 상황	부부만	16(59.3)	6(22.2)	4(14.8)	1(3.7)	27(40.3)	13.94
	부부+자녀부부	4(40.0)	–	4(40.0)	2(20.0)	10(14.9)	
	부부+미혼자녀	4(80.0)	1(20.0)	–	0	5(7.5)	
	혼자거주	7(50.0)	3(21.4)	2(14.3)	2(14.3)	14(20.9)	
	시설거주	4(36.4)	1(9.1)	5(45.5)	1(9.1)	11(16.4)	

*p<.05, **p<.01, ***p<.001

6) 상담효과

조사대상자에 따른 상담효과를 분석한 결과(<표 4-7>), 전체적으로 응답비율의 분포는 '그런 편이다'가 44%로 가장 많고, 다음으로 '보통이다'가 33%로 많았으며 나머지는 '전혀 그렇지 않다'가 12% 및 '그렇지 않은 편이다'가 6%, 그리고 '매우 그렇다'가 5% 등의 순으로 나타났다. 조사대상자의 상담효과에 대한 인식은 '보통이다'를 합쳐 긍정적인 인식이 77%에 이른 것으로 나타났다.

특성별로는 우선성별의 경우 남자노인은 상담효과에 대해 '그런 편(있는 편)이다'가 55.6%, '보통이다' 33.3%의 순이었으며 여자노인의 경우도 '그런 편이다'가 35.1%로 가장 많았으며 그 다음이 '보통이다' 32.4%로 나타났으며 통계적으로 유의한 차이는 없었다. 연령의 경우,

60대 집단은 상담효과에 대해 '보통이다'와 '그런 편이다' 각각 31.3%로 가장 많았으며 70대 집단은 '그런 편이다'가 50.0%로 가장 많았다. 80대 이상 집단에서도 '그런 편이다'가 47.1%로 가장 많았으며 통계적으로 유의미한 차이는 없었다. 주거상황에 따른 상담효과의 차이를 살펴본 결과, 부부집단의 경우 상담효과에 대해 '그런 편이다'가 60.0%, '보통이다' 24.0%의 순이었다. 부부와 기혼자녀집단은 상담효과가 '그런 편이다'가 50.0%로 절반을 차지하였고 다음으로 '보통이다' 40%였다. 반면 부부와 미혼자녀집단은 상담효과가 '보통이다'가 60.0%고 가장 많았으며 다음이 '전혀 그렇지 않다'와 '그런 편이다' 각각 20%의 순이었다. 혼자 사는 집단도 상담효과가 '보통이다'가 61.5%로 가장 많았으며 '그런 편이다'가 23.1%의 순으로 나타났다. 시설거주집단의 경우는 상담효과가 '그런 편이다'와 '전혀 그렇지 않다' 각각 36.4%로 가장 높게 나타났다.

주거상황별 상담효과는 통계적으로 유의미한 차이를 나타냈다(p<.05). 시설거주집단이 상담효과에 대해서 가장 부정적인 인식을 보였는데 이러한 결과를 밝히는 작업은 본연구의 범위를 벗어난 것이다. 이와 같이 조사대상자 노인은 전반적으로 상담효과에 대해 긍정적인 인식을 나타냈는데, 이를 바탕으로 상담활성화를 위해서는 정부와 매스컴의 적극적인 홍보활동과 함께 상담서비스 서비스전달체계를 정비하여 노인의 접근성과 편의성을 높일 필요가 있겠다.

〈표 4-7〉 조사대상자 노인의 상담효과

변　수	상담효과	전혀 그렇지 않다	그렇지 않은 편이다	보통 이다	그런 편이다	매우 그렇다	전　체	x^2
성별	남	1(3.7)	1(3.5)	9(33.3)	15(55.6)	1(3.7)	27(42.2)	4.96
	여	7(18.9)	3(8.1)	12(32.4)	13(35.1)	2(5.4)	37(57.8)	
연령	60대	3(18.8)	2(12.5)	5(31.3)	5(31.3)	1(6.3)	16(26.2)	4.48
	70대	2(7.1)	2(7.1)	9(32.1)	14(50.0)	1(3.6)	28(45.9)	
	80대 이상	3(17.6)	－	5(29.4)	8(47.1)	1(5.9)	17(27.9	
주거 상황	부부만	1(4.0)	2(8.0)	6(24.0)	15(60.0)	1(4.0)	25(39.1)	27.65*
	부부+자녀부부	－	1(10.0)	4(40.0)	5(50.0)	－	10(15.6)	
	부부+미혼자녀	1(20.0)	－	3(60.0)	1(20.0)	－	5(7.8)	
	혼자거주	2(3.1)	－	8(61.5)	3(23.1)	－	13(20.3)	
	시설거주	4(36.4)	1(9.1)	－	4(36.4)	2(18.2)	11(17.2)	

*p<.05, **p<.01, ***p<.001

2. 노인상담에 대한 인식과 기관종사자의 서비스전달체계에 대한 인식 비교

1) 상담의 필요성 인식

(1) 노인의 상담의사

　조사대상자 노인의 상담의사에 대한 질문을 분석한 결과(<표 4-8>)를 살펴보면, 노인의 전체평균이 3.22로 평균값보다 높게 나타나 상담의사가 보통 이상인 것으로 나타났다. 특성별로는 우선성별에 따른 상담의사를 보면, 남성노인이 여성노인보다 상담의사가 통계적으로 유의미하게 높게 나타났다(p<.05). 이러한 결과는 남성노인이 여성노인보다 노인문제, 특히 사회적 역할 상실 및 심리적 고립감과 무력감 등이 상담의사에 보다 크게 작용한 것이 아닌가 추론된다.

〈표 4-8〉 성별에 따른 상담의사

변 수	집 단		전 체	t값
	남 성	여 성		
상담의사	3.52(27)	3.00(37)	3.22(64)	2.07*

*p<.05, **p<.01, ***p<.001

다음으로 연령에 따른 상담의사에 차이를 살펴보면, 80대 이상이 3.58점(5점 만점)으로 다른 집단보다 상담의사가 높게 나타났으나 통계적으로 유의미한 차이는 나타나지 않았다(<표 4-9>).

〈표 4-9〉 연령에 따른 노인상담의사

변 수	연 령			ANOVA F-ratio
	60대	70대	80대 이상	
상담의사	2.89(36)	3.05(20)	3.58(19)	2.01

*p<.05, **p<.01, ***p<.001

한편, 주거상황에 따른 상담의사를 살펴보면, 시설거주집단이 3.47점으로 상담의사가 다른 집단보다 높게 나타났으나 통계적으로 유의미한 차이를 나타내지 않았다.

〈표 4-10〉 주거상황에 따른 노인상담의사

변 수	주거상황					ANOVA F-ratio
	부부만	부부와 기혼자녀	부부와 미혼자녀	혼자 거주	시설 거주	
상담의사	2.50 (5)	2.60 (11)	3.10 (13)	3.18 (10)	3.47 (25)	2.02

*p<.05, **p<.01, ***p<.001

(2) 노인상담의 중요성에 대한 기관종사자의 인식

노인상담의 중요성에 대해 기관종사자의 인식에 대해 조사한 결과, 먼저 기관종사자의 전체 평균을 보면 3.67점(5점 만점)으로 평균보다 높게 나타나 기관종사자들은 대체로 노인상담에 대해 중요하게 생각하고 있는 것으로 나타났다. 한편, 기관종사자별로 노인상담 중요성에 대한 인식의 차이를 살펴보면, 동사무소 집단이 3.84점으로 가장 높게 지각하고 있는 것으로 나타났으나 통계적으로 유의미한 차이는 나타나지 않았다(<표 4-11>).

〈표 4-11〉 노인상담 중요성

변 수	집 단				전 체	ANOVA F-ratio
	중 앙	지 방	동사무소	복지관		
노인상담의 중요성	3.25 (18)	3.79 (57)	3.84 (20)	3.80 (55)	3.67 (150)	1.64

*p<.05, **p<.01, ***p<.001

(3) 상담의 필요성에 대한 노인과 기관종사자의 인식비교

상담의 필요성에 대한 노인과 기관종사자의 인식도는 전체 평균값이 각각 평균보다 높게 나타나 두 집단 모두 상담의 필요성을 보통 이상으로 인식하고 있는 것으로 나타났다.

2) 노인상담의 기능에 대한 인식

(1) 노인의 인식

상담의 기능에 대한 인식을 분석한 결과(<표 4-12>), 전체적으로 상담기능에 대한 응답분포는 '문제해결을 위한 정보제공', '내문제 이해', '내문제 해결로 이끎' 등의 순으로 응답한 비율이 각각 24%, 23%, 22%로 가장 많았다. 특성별로는 우선성별의 경우 남성노인은 '문제해결을 위한 정확한 정보를 제공해 주는 곳'이라고 응답한 비율이 45.7%로 가장 많았으며 다음이 '내 문제를 들어주고 이해하는 곳'이 20.0%의 순으로 나타났다. 여성노인의 경우는 '내 문제를 내 스스로 해결할 수 있도록 이끌어 주는 곳'이 32.6%, 그 다음으로 '내 문제를 들어주고 이해해 주는 곳' 25.6%의 순이었으며 통계적으로 유의미한 차이가 나타났다(p<.01).

연령의 경우, 60대 집단에서는 '내 문제를 내 스스로 해결할 수 있도록 이끌어 주는 곳'이 35.0%로 가장 많았으며, 70대 집단에서는 '내 문제를 들어주고 이해해 주는 곳' 28.6%로 가장 많았으며, 80대 이상 집단에서는 '내 문제를 직접 해결해 주는 곳'이라는 인식이 33.3%로 가장 많았으며 통계적으로 유의미한 차이를 보이지 않았다.

한편, 주거상황에 따른 노인상담의 기능을 살펴보면, 부부만 사는 집단은 '문제해결을 위한 정확한 정보를 제공해 주는 곳' 38.7%로 가장 많았으며, 부부와 기혼자녀 집단은 '내 문제를 들어주고 이해해 주는 곳' 40%로 가장 많았다. 또한 부부와 미혼자녀 집단도 '내 문제를 들어주고 이해해 주는 곳'이 상담기능이라는 인식이 50%로 가장 많았으며, 혼자 거주하는 집단의 경우 '내 문제를 직접 해결해 주는 곳'이라는 인식이 40%로 가장 많았다. 시설에 거주하는 집단은 상담의 기능에 대해 '심리적 안정을 위한 안식처 같은 곳' 40.0%로 가장 많았으며 통계적으로 유의미한 차이를 나타냈다(p<.01).

이상과 같이 성별로, 주거상황 별로 통계적으로 유의미한 차이를 보이고 있는데, 이런 결과는 노인을 상담서비스의 수혜대상자로서 동질적 집단으로 볼 것이 아니라 노인의 성별, 주거상황별, 소득수준별 등의 여러 특성을 고려한 상담서비스를 제공해야 할 필요성이 있다는 것을 시사한다 하겠다.

〈표 4-12〉 상담의 기능에 대한 노인의 인식

변 수	노인 인식	내문제 이해	문제해결 정보제공	내문제 직접해결	내문제 해결로 이끔	심리적 안정	전체	x^2
성별	남	7(20.0)	16(45.7)	5(14.3)	3(8.6)	4(11.4)	35(44.9)	17.94**
	여	11(25.6)	3(7.0)	7(16.3)	14(32.6)	8(18.6)	43(55.1)	
연령	60대	5(25.0)	5(25.0)	2(10.0)	7(35.0)	1(5.0)	20(26.3)	5.24
	70대	10(28.6)	9(25.7)	2(5.7)	9(25.7)	5(14.3)	35(46.1)	
	80대 이상	2(9.5)	5(23.8)	7(33.3)	1(4.8)	6(28.6)	21(27.6)	
주거 상황	부부만	5(16.1)	12(38.7)	4(12.9)	8(25.8)	2(6.5)	31(40.3)	32.59**
	부부+자녀부부	4(40.0)	1(10.0)	–	2(20.0)	3(30.0)	10(13.0)	
	부부+미혼자녀	3(50.0)	1(16.7)	–	2(33.3)	–	6(7.8)	
	혼자거주	3(20.0)	4(26.7)	6(40.0)	1(6.7)	1(6.7)	15(19.5)	
	시설거주	3(20.0)	–	2(13.3)	4(26.7)	6(40.0)	15(19.5)	

*p<.05, **p<.01, ***p<.001

(2) 기관종사자의 인식

노인상담에 대해 기관종사자의 인식을 살펴보면(<표 4-13>), 전체적으로 노인상담에 대한 응답분포는 '자신의 문제를 스스로 해결하도록 이끔'이 42%로 가장 많았으며, 다음으로 '노인문제해결 정보제공'이 26%로 많았으며, 나머지는 '노인문제의 이해' 17%와 '심리적 안정' 14% 등의 순이었다.

4장 조사방법 및 분석 결과 117

집단별로 분석해 본 결과, 중앙공무원 집단은 상담의 기능에 대해
'자신의 문제를 스스로 해결하도록 하는 곳' 38.9%, 그 다음으로 '노
인의 문제를 해결하기 위한 정확한 정보를 제공해주는 곳' 33.3%의 순
으로 나타났다. 지방공무원 집단은 '자신의 문제를 스스로 해결하도록
이끌어 주는 곳' 42.9%, '노인들의 문제를 해결하기 위한 정확한 정보
를 제공해 주는 곳'이 25.0%의 순으로 나타났다. 복지관 종사자 집단
의 경우도 '노인들의 문제를 해결하기 위한 정확한 정보를 제공해 주
는 곳'이라는 인식이 40.7%로 가장 많았으며 동사무소 집단도 노인상
담의 기능을 '노인들의 문제를 해결하기 위한 정확한 정보를 제공해
주는 곳'이 45.0%로 가장 많았다. 통계적으로 유의미한 차이는 없었다.

〈표 4-13〉 노인상담에 대한 기관종사자의 인식

변수	상담인식	노인문제의 이해	노인문제 해결 정보제공	노인문제 직접해결	자신의 문제 스스로 해결하도록	심리적 안정	전체	x^2
기관 종사자	중앙공무원	3(16.7)	6(33.3)	1(5.6)	7(38.9)	1(5.6)	18(12.2)	10.01
	지방공무원	9(16.1)	14(25.0)	1(1.8)	24(42.9)	8(14.3)	56(37.8)	
	노인복지관	7(13.0)	17(31.5)	−	22(40.7)	8(14.8)	54(36.5)	
	동사무소	6(24.0)	2(10.0)	−	9(45.0)	3(15.0)	20(13.5)	

*p<.05, **p<.01, ***p<.001

(3) 상담기능에 대한 노인과 기관종사자의 인식비교

노인의 경우 상담기능을 '문제해결을 위한 정확한 정보를 제공해 주
는 것'과 '내 문제를 이해해 주는 것'이라고 응답한 비율이 가장 많았
던 반면 기관종사자 경우는 '자신의 문제를 스스로 해결할 수 있도록
이끌어 주는 것'과 '문제해결을 위한 정보제공' 등이라는 비율이 가장
많은 것으로 나타났다. 이러한 결과는 노년기의 삶을 주도적으로 이끌

려는 노인표본의 특성과 노인을 수동적인 존재로 간주하는 기관종사자의 일반론적 인식에서 연유한다고 볼 수 있다. 이러한 인식차이의 근거에 대해서는 분석결과의 논의에서 다루고자 한다.

3) 상담영역에 대한 인식

(1) 노인의 상담영역에 대한 인식

ⅰ) 성별

조사대상자의 상담영역에 대한 인식을 살펴보면(<표 4-14>), 전체적으로 상담영역에 대한 응답분포는 의료상담 및 복지상담의 평균값이 모두 3.49로 가장 많았으며, 다음에는 건강상담 3.41 및 정보상담 3.07 등의 순으로 나타났다. 특성별로는 우선성별의 경우 통계적으로 유의한 차이가 나타난 것은 '봉사상담'과 '불안상담'에서이다. 즉 남성노인이 여성노인보다 사회봉사활동 등에 관한 상담을 더 많이 받고 싶어 하는 것으로 나타났다(p<.05). 반면 여성노인은 남성노인보다 '마음의 불안감'에 관한 상담을 더 많이 받고 싶어 하는 것으로 나타났다(p<.05). 그 외 상담영역의 통계적으로 유의한 차이는 나타나지 않았지만 '건강상담', '의료상담', '생계상담', '이성상담', '취업상담', '심리상담' 영역은 여성노인이 남성노인보다 상담인식이 높게 나타났다.

반면 '복지상담', '재산상담', '가족상담', '정보상담', '법률상담' 영역은 남성노인이 여성노인보다 상담인식이 높게 나타났다. 이와 같은 전반적인 응답분포에서 가장 많이 나타난 의료상담, 건강상담 등은 모두 신체적 건강과 관계된 내용으로서 이는 통계적인 연관성은 아니지만 앞서 살펴본 상담내용의 응답분포에서 건강문제가 가장 많은 것과 일치한다.

〈표 4-14〉 성별에 따른 상담영역 인식

변수	집 단		전체	t-검증
	남	여		
건강상담	3.38 (36)	3.42 (43)	3.41 (79)	3.85
의료상담	3.39 (33)	3.57 (42)	3.49 (75)	.52
복지상담	3.67 (33)	3.36 (42)	3.49 (75)	1.72
생계상담	2.56 (32)	2.63 (41)	2.60 (73)	.06
취업상담	2.19 (31)	2.30 (40)	2.25 (71)	.15
재산상담	2.33 (30)	2.22 (40)	2.27 (70)	.16
이성상담	1.93 (30)	2.23 (40)	2.16 (70)	.71
봉사상담	3.10 (30)	2.15 (40)	2.56 (70)	6.21*
활동상담	2.68 (31)	2.33 (39)	2.49 (70)	1.56
심리상담	2.34 (29)	2.65 (40)	2.45 (69)	1.23
가족상담	2.77 (31)	2.73 (40)	2.75 (71)	.03
불안상담	2.54 (31)	3.07 (41)	2.87 (72)	4.03*
정보상담	3.09 (32)	3.05 (41)	3.07 (73)	.03
법률상담	2.69 (32)	2.30 (40)	2.47 (72)	2.00

*p<.05, **p<.01, ***p<.001

 ii) 연령

 연령에 따른 차이는 '의료상담', '재산상담' 영역에서 통계적으로 유의미한 차이가 나타났다. 즉 60대 집단과 80대 집단이 70대 집단보다 '의료상담'을 원하는 인식이 높게 나타났으며(p<.05), 연령에 따른 '재산상담'에 대해서는 60대 집단이 70대 집단보다, 70대 집단이 80대 이상인 집단보다 '재산상담'을 원하는 인식이 높은 것으로 나타났다(p<.05). 그 외 '건강상담', '복지상담', '생계상담', '취업상담', '이성상담', '가족상담', '불안상담', '정보상담' 등에서는 60대 집단이 다른 집단보다 상담인

식이 높게 나타났으며 '봉사활동', '활동상담'은 70대 집단에서 높았으며 '심리상담', '법률상담'은 80대 집단에서 높게 나타났으나 통계적으로 유의미한 차이는 나타나지 않았다. 이상과 같이 '의료상담'과 '재산상담' 영역에서 연령에 따른 인식은 통계적으로 유의미한 차이를 보였다.

'의료상담'영역에서 60대와 80대가 70대보다 의료인식수준이 높은 이유는 본 연구에서 확인할 수는 없으나, '재산상담'에서 60대가 70대보다, 70대가 80대보다 인식수준이 높은 것은 연령이 낮을수록 아직 살아갈 날이 그만큼 많이 남았다고 생각하기 때문에 재산관리에 관심이 많을 것으로 보이며, 특히 60대의 경우는 60대 전후 정년퇴직을 하면서 수령하는 퇴직금의 관리에 관심이 많을 것으로 추정된다.

〈표 4-15〉 연령에 따른 상담영역 인식

변수	연령			ANOVA F-ratio
	60대	70대	80대 이상	
건강상담	3.85 (20)	3.42 (36)	3.71 (21)	1.49
의료상담	3.89 (18)	3.18 (34)	3.67 (21)	3.19*
	A[1]	B[1]	A	
복지상담	3.72 (18)	3.36 (36)	3.56 (20)	.77
생계상담	2.82 (17)	2.53 (36)	2.53 (19)	.37
취업상담	2.53 (17)	2.36 (33)	1.80 (20)	2.34
재산상담	2.72 (18)	2.31 (32)	1.74 (19)	3.96*
	A	B	C[1]	
이성상담	2.41 (17)	1.97 (32)	1.74 (19)	1.45
봉사상담	2.79 (19)	2.94 (31)	2.29 (21)	2.04
활동상담	2.29 (17)	2.63 (32)	2.40 (20)	.51
심리상담	2.38 (16)	2.52 (31)	2.62 (21)	.20
가족상담	2.82 (17)	2.69 (32)	2.76 (21)	.06
불안상담	3.12 (17)	2.76 (33)	2.76 (21)	.64
정보상담	3.22 (18)	3.00 (33)	3.05 (21)	.22
법률상담	2.94 (18)	2.28 (32)	3.05 (21)	2.11

*p<.05, **p<.01, ***p<.001
1) Duncan Grouping

iii) 주거상황

주거상황에 따른 상담받기 원하는 영역은 '생계상담' 영역에서만 통계적으로 유의미한 차이가 나타났다(p<.01). 즉 부부와 미혼자녀집단과 혼자 거주하는 집단이 부부와 사는 집단과 부부와 기혼자녀로 이루어진 집단보다 '생계상담'에 대한 욕구가 더 높았으며 부부만 사는 집단과 부부와 기혼자녀 집단이 시설거주집단보다 '생계상담'을 받기 원하는 것으로 나타났다.

이렇게 부부와 미혼자녀 집단과 혼자 거주하는 집단이 부부가 사는 집단과 부부와 기혼자녀로 이루어진 집단보다 '생계상담' 영역에서 인식수준이 더 높은 이유는 부부와 미혼자녀 집단의 경우 미혼자녀가 아직 경제적 기반을 갖추지 못할 가능성이 크고, 혼자 거주하는 집단의 경우도 생계를 혼자 꾸려가야 하기 때문에 '생계상담'에 대한 인식수준이 보다 높을 것으로 보인다.

〈표 4-16〉 주거상황에 따른 상담영역 인식

변 수	주거상황					ANOVA F-ratio
	부 부	부부+기혼자녀	부부+미혼자녀	혼자	시설	
건강상담	3.74(31)	3.70(10)	3.83(10)	3.81(16)	2.93(15)	2.48
의료상담	3.45(29)	2.75(8)	3.50(6)	3.75(16)	3.67(15)	1.35
복지상담	3.48(29)	3.25(8)	3.67(6)	3.88(16)	3.13(15)	1.19
생계상담	2.36(28)	2.56(9)	3.33(6)	3.47(15)	1.93(14)	4.45**
	B	B[1]	A[1]	A	C[1]	
취업상담	2.33(27)	2.33(9)	2.67(6)	2.36(14)	1.79(14)	.86
재산상담	2.22(27)	2.25(8)	2.50(6)	2.43(14)	2.14(14)	.18

변 수	주거상황					ANOVA F-ratio
	부 부	부부+기혼 자녀	부부+미혼 자녀	혼자	시설	
이성상담	1.73(26)	2.13(8)	1.67(6)	2.79(14)	2.13(15)	2.75
봉사상담	3.04(25)	3.00(10)	2.50(6)	2.67(15)	2.07(15)	1.91
활동상담	2.78(27)	2.63(8)	2.20(5)	2.36(14)	2.20(15)	.81
심리상담	2.20(25)	2.78(9)	2.40(5)	3.10(14)	2.60(15)	1.31
가족상담	2.86(28)	3.00(9)	3.20(5)	2.62(13)	2.33(15)	.70
불안상담	2.74(27)	3.22(9)	2.83(6)	2.86(14)	2.73(15)	.34
정보상담	3.07(28)	2.56(9)	3.50(6)	3.36(14)	2.93(15)	.94
법률상담	2.56(27)	2.40(10)	2.80(5)	2.86(14)	1.87(15)	1.58

*p<.05, **p<.01, ***p<.001
1) Duncan Grouping

그 외 통계적으로 유의한 차이를 보이지는 않았지만 부부집단은 '봉사상담', '활동상담'에서 부부와 기혼자녀집단은 '불안상담'을 받기 원하는 경향이 높았으며 부부와 미혼자녀집단은 '건강상담', '취업상담', '재산상담', '가족상담', '정보상담'에서 상담인식 수준이 다른 집단보다 높게 나타났다. 또한 혼자 사는 집단은 '의료상담', '복지상담', '이성상담', '심리상담', '법률상담'에서 다른 집단보다 인식수준이 높게 나타났다.

(2) 노인상담영역에 대한 기관 간 소관 인식

노인상담영역에 대한 기관종사자 간 소관 인식에 대해 조사한 결과는 <표 4-17>과 같다. 노인상담영역에 대한 전체적인 평균을 살펴보면, '각종 사회복지혜택에 관한 정보상담'이 3.56점으로 가장 높았으며, 다음으로 '고용상담' 3.47 및 '봉사활동상담' 3.45 등의 순으로 높았으며, '재산관리상담'이 2.74점으로 가장 낮게 나타났다. 기관종사자 집단 간의 인식의 차이는 '각종 사회복지혜택에 관한 정보상담'을 제외하고 모든 영역에서 통계적으로 유의미한 차이가 나타났다.

'건강예방에 관한 상담'에서는 중앙공무원과 복지관 종사자 집단이 다른 집단보다 소관 담당업무를 인식하는 경향이 높게 나타났다 (p<.001), '질병 치료 및 의료비 지원 상담'에 대해서는 복지관 종사자 집단이 중앙 공무원이나 지방공무원보다 인식이 높았으며, 중앙공무원이나 지방공무원이 동사무소집단보다 인식수준이 높게 나타났다 (p<.001).

'복지시설, 전문 의료시설에 관한 상담'도 복지관 종사자 집단이 중앙공무원과 지방공무원보다 인식 수준이 높았으며, 중앙공무원과 지방공무원이 동사무소 집단보다 높게 인식하는 경향으로 나타났다(p<.05).

〈표 4-17〉 노인상담에 대한 기관 간 소관인식

변수	집단				전체	ANOVA F-ratio
	중앙	지방	동사무소	복지관		
건강 유지 및 질병 예방에 관한 상담	3.13(18)	2.84(56)	2.40(20)	3.53(55)	3.16(149)	12.12***
	A[1]	B[1]	B	A		
질병 치료 및 의료비 지원 상담	2.88(18)	2.79(57)	2.00(20)	3.53(55)	3.02(150)	11.39***
	B	B	C[1]	A		
복지시설, 전문 의료시설에 관한 상담	3.13(18)	3.18(57)	2.60(20)	3.64(55)	3.34(150)	6.07**
	B	B	C	A		
생계 마련을 위한 상담	3.25(18)	3.00(56)	3.49(20)	2.90(55)	3.19(149)	3.05*
	A	A	A	B		
취업알선, 부업알선 등에 대한 상담	4.00(18)	3.30(56)	3.60(20)	3.00(55)	3.47(149)	3.08*
	A	B	A	C		
재산 관리에 관한 상담	2.75(18)	2.46(57)	2.20(20)	3.27(55)	2.74(150)	8.48***
	B	B	B	A		
이성교제나 친구관계에 관한 상담	2.00(18)	2.42(57)	2.40(20)	3.56(55)	2.82(150)	19.84***
	B	B	B	A		

변수	집단				전체	ANOVA F−ratio
	중앙	지방	동사무소	복지관		
사회봉사활동에 관한 상담	3.10(18)	3.23(57)	3.63(20)	3.10(55)	3.45(150)	5.68**
	A	B	A	B		
각종 단체 활동에 관한 상담	3.21(18)	3.16(57)	3.58(20)	3.28(55)	3.32(150)	3.68*
	A	B	B	A		
소외감 등에 관한 심리상담	2.88(18)	2.88(57)	2.90(20)	3.69(54)	3.16(149)	8.04***
	B	B	B	A		
기타 마음의 불안감에 관한 상담	2.63(18)	2.72(57)	3.00(20)	3.75(55)	3.09(150)	13.39***
	C	C	B	A		
각종 사회복지혜택에 관한 정보상담	3.63(18)	3.40(57)	3.70(20)	3.67(55)	3.56(150)	1.06
	A	B	A	A		
각종 법률문제에 관한 상담	3.25(18)	2.74(57)	3.36(20)	2.30(55)	2.97(150)	6.75***
	A	B	A	B		

*$p<.05$, **$p<.01$, ***$p<.001$
1) Duncan Grouping

'재산관리 상담'은 복지관 종사자 집단이 다른 집단보다 상담영역으로 인식하는 경향이 높았으며 '취업알선, 부업알선'에 대해서는 중앙공무원 집단과 동사무소 집단이 지방공무원 집단보다 인식이 높았으며, 지방공무원 집단은 복지관보다 높게 인식하는 것으로 나타났다($p<.05$).

'생계마련 상담'에 대해서는 중앙공무원, 동사무소 집단이 복지관 집단보다 소관업무로 인식하는 경향이 높았으며($p<.05$), '이성교제와 관한 상담'은 복지관종사자 집단이 다른 집단보다 유의미하게 높게 나타났다($p<.001$).

'사회봉사활동에 관한 상담'은 동사무소 집단이 다른 집단보다 통계적으로 유의미하게 높았으며($p<.01$), '단체 활동 상담'에 대해서도 동사무소 집단이 다른 집단보다 통계적으로 유의미하게 높게 나타났다($p<.05$).

한편 '소외감 등에 관한 심리상담'에 대해서는 복지관 종사자 집단이 다른 집단보다 유의미하게 높게 나타났으며($p<.001$), '불안감에 관한 상담'은

복지관 종사자 집단이 동사무소 집단보다 높았으며, 동사무소 집단이 중앙공무원과 지방공무원 집단보다 유의미하게 높게 나타났다(p<.001). '법률문제에 관한 상담'은 지방공무원 집단과 복지관 집단보다는 중앙공무원 집단과 동사무소 집단에서 유의미하게 더 높게 나타났다(p<.001).

(3) 상담영역에 대한 노인과 기관종사자의 인식비교

노인은 상담영역에서 건강문제를 가장 높게 인식하고 있는 반면, 기관종사자는 상담영역에서 '정보상담'을 가장 높게 인식하고 있다. 노인의 경우 건강문제에 대한 인식에서 성별과 주거상황별로 통계적으로 유의미한 차이가 없었으나 연령별로는 의료상담에 대한 인식에서 유의미한 차이를 보였다. 그러나 기관종사자의 경우 '정보상담'에 대한 유의미한 인식차이 없이 모든 집단들이 골고루 높게 인식하고 있다.

3. 노인상담 서비스전달체계의 실태에 대한 관계자 인식분석

1) 통합성·포괄성과 책임성·자율성에 대한 인식

(1) 노인상담서비스 업무 중복 및 누락

노인상담서비스 업무 중복 및 누락에 대해 전체 평균은 3.52점으로 평균보다 높게 나타나 업무 중복 및 누락이 있다고 생각하는 경향이 있

는 것으로 나타났다. 각 기관종사자별 인식의 차이를 살펴본 결과, 복지
관 집단이 업무 중복 및 누락이 있다고 생각하는 경향이 가장 높았으며
그 다음으로 동사무소 집단으로 나타났으나 통계적으로 유의미한 차이
는 나타나지 않았다(<표 4−2−15>). 통계적으로 유의미한 차이는 나타
나지 않았으나 노인상담 서비스 전달체계상 위계가 낮을수록 업무중복
및 누락에 대한 인식이 기관종사자들 사이에 있음을 볼 수 있다.

〈표 4−18〉 노인상담 서비스 업무 중복 및 누락

변 수	집 단				전 체	ANOVA F−ratio
	중 앙	지 방	동사무소	복지관		
노인상담 서비스 업무 중복 및 누락	3.17 (18)	3.30 (56)	3.44 (20)	3.65 (55)	3.52 (149)	1.39

*p<.05, **p<.01, ***p<.001

(2) 노인상담업무 협조관계 인식

노인상담업무 협조관계에 대해 전체적으로 '잘 안 되고 있는 편이다'
가 51.7%로 가장 많았으며, 다음에는 '잘 되고 있는 편이다'가 42.8%,
'전혀 안 되고 있다'가 8% 등의 순으로 상담업무 협조관계가 원활하지
않다고 인식하고 있는 경향이 있는 것으로 나타났다. 중앙공무원 집단
은 '잘되고 있는 편이다'가 58.8%로 가장 많았으며 지방공무원 집단은
'잘되고 있는 편이다'가 48.1%로 응답하였다. 반면 복지관은 '잘 안
되고 있는 편이다'가 55.6%, 동사무소는 '잘 안 되고 있는 편이다'가
75.0%로 나타나 복지관과 동사무소 집단이 중앙공무원 집단 및 지방
공무원 집단보다 상담업무 협조관계가 잘 안 이루어지고 인식하는 경
향이 높게 나타났다. 그러나 통계적으로 유의미한 차이는 나타나지 않
았다. 이러한 결과는 전달체계상 위계가 낮을수록 업무협조관계에 대한

부정적인 인식이 강하게 나타나는 것으로 해석할 수 있다.

<표 4-19> 노인상담업무 협조관계

변 수	전혀 안되고 있다	잘 안되고 있는 편이다	잘되고 있는 편이다	전 체	x^2
중앙공무원	1(5.9)	6(35.3)	10(58.8)	17(11.7)	
지방공무원	4(7.4)	24(44.4)	26(48.1)	54(37.2)	8.20
복지기관	3(5.6)	30(55.6)	21(38.9)	54(37.2)	
동사무소	–	15(75.0)	5(25.0)	20(13.8	

*p<.05, **p<.01, ***p<.001

(3) 상담서비스 업무 감독 및 규제

노인상담서비스 업무 감독 및 규제에 대해 전체 평균은 3.26점으로 나타났다. 각 기관종사별 업무 감독 및 규제인식의 차이를 살펴본 결과, 복지관집단이 가장 높게 인식하는 것으로 나타났다. 그러나 통계적으로 유의미한 차이는 나타나지 않았다<표 4-20>. 이러한 경향 역시 통계적으로 유의미한 차이는 나타나지 않았지만 전달체계상 위계가 낮을수록 업무 감독 및 규제에 대한 인식이 강하다는 것을 시사한다고 볼 수 있다.

<표 4-20> 노인상담 서비스 업무 및 감독 규제

변 수	집 단				전 체	ANOVA F-ratio
	중 앙	지 방	동사무소	복지관		
노인상담 서비스 업무 감독 및 규제	3.13 (18)	3.15 (54)	3.33 (20)	3.56 (54)	3.26 (146)	1.39

*p<.05, **p<.01, ***p<.001

2) 전문성에 대한 인식

(1) 노인상담업무 인력 규모

상담서비스 업무에 필요한 인력이 현재 어느 정도 수준인가에 대한 질문을 분석한 결과, 중앙공무원 집단은 '적은 편이다'가 64.7%로 가장 많았으며, 지방공무원 집단도 '적은 편이다'가 61.8%로 가장 많았다. 복지관과 동사무소 집단 역시 각각 74.5%, 85.0%가 '적은 편이다'라고 응답해 노인상담업무 인력 규모가 작다고 인식하고 있었다. 통계적으로 유의미한 차이는 나타나지 않았으나 상담업무 인력이 부족하다는 인식이 기관종사자들 사이에 있음을 볼 수 있다.

〈표 4-21〉 노인상담업무 인력

기 관 변 수	매우 적은 편이다	적은편이다	적정이다	충분하다	전 체	x^2
중앙공무원	1(5.9)	11(64.7)	5(29.4)	—	17(11.6)	
지방공무원	12(21.8)	34(61.8)	8(14.5)	1(1.8)	55(37.4)	9.82
복지기관	7(12.7)	41(74.5)	6(10.9)	1(1.8)	55(37.4)	
동사무소	1(5.0)	17(85.0)	2(10.0)	—	20(13.6)	

*p<.05, **p<.01, ***p<.001

(2) 노인상담인력 자격자 충원 필요성

노인상담인력 자격자 충원 필요성에 대해 전체 평균은 3.38점(5점만점)으로 평균보다 약간 높게 나타났으며 기관별로 보면 지방공무원 집단과 동사무소 집단이 3.45점으로 다른 집단보다 충원 필요성을 높게 지각하고 있으나 통계적으로 유의미한 차이는 나타나지 않았다. 이러한 결과는 시·군·구의 사회복지과 직원과 읍·면·동의 사회복지전문요

원 등이 다른 업무를 겸직하고 있어 상담서비스 업무에 전념하지 못하
고 있다는 현실을 반증하고 있다고 볼 수 있다.

〈표 4-22〉 노인상담 인력 충원 필요성

변 수	집 단				전 체	ANOVA F-ratio
	중 앙	지 방	동사무소	복지관		
상담인력 자격자 충원필요성	3.17 (18)	3.45 (20)	3.45 (20)	2.74	3.38 (149)	2.40

*p<.05, **p<.01, ***p<.001

(3) 전문노인상담사자격제도 필요성

전문노인상담자자격제도가 필요한가에 대해 기관종사자 전체 평균은
3.52점으로 평균보다 약간 높게 나타났다. 특히, 복지관 집단이 다른
집단보다 전문노인상담자자격제도의 필요성이 높게 나타났으나 통계적
으로 유의미한 차이는 나타나지 않았다. 이러한 결과는 복지관 종사자
들이 현장에서 노인수혜자들을 대면하고 사업을 실시하면서 전문성이
많이 요구된다는 현실을 반영한다고 볼 수 있다.

〈표 4-23〉 노인상담 인력 충원 필요성

변 수	집 단				전 체	ANOVA F-ratio
	중 앙	지 방	동사무소	복지관		
전문노인상담자자격제도	3.17 (18)	3.30 (56)	3.44 (20)	3.65 (55)	3.52 (149)	1.39

*p<.05, **p<.01, ***p<.001

3) 적합성과 적정성에 대한 인식

(1) 노인상담예산 규모

노인상담서비스의 예산 수준에 대해 중앙공무원 집단은 '적은 편이다' 44.4%, '매우 적은 편이다' 22.2%의 순으로 응답하였으며 지방공무원 집단, 복지관 집단, 동사무소 집단 모두 '적은 편이다'에 각각 54.4%, 73.1%, 63.2%의 높은 응답률을 나타냈다. 즉 복지기관, 동사무소, 지방공무원, 중앙공무원 등의 순으로 노인상담서비스의 예산수준에 대한 부정적 인식이 강하게 나타났다.

이런 결과는 현업에서 노인수혜자와의 대면관계 및 업무 밀착도가 높을수록 상담서비스 예산수준의 미흡성을 그만큼 많이 인식한다는 것을 말해준다. 하지만 그에 못지않게 상담서비스예산의 상부하달식 전달체계의 구조에서 비롯된 데에 기인한다고 볼 수 있다. 따라서 고령화시대 및 지방자치시대를 맞이하여 지역 및 수혜자 중심의 상담서비스 제공을 위해서는 범국가 차원에서 재정적 권한의 합리적 권한 이양을 포함해서 예산을 확충하는 방안을 강구할 필요성이 있다.

〈표 4-24〉 노인상담 예산규모

변수	매우 적은편이다	적은편이다	적정이다	충분하다	전체	x^2
중앙공무원	4(22.2)	8(44.4)	3(16.7)	3(16.7)	18(12.4)	
지방공무원	13(23.2)	31(55.4)	9(16.1)	3(5.4)	56(38.6)	14.41
복지기관	7(13.5)	38(73.1)	7(13.5)	―	52(35.9)	
동사무소	3(15.8)	12(63.2)	4(21.1)	―	19(13.1)	

*p<.05, **p<.01, ***p<.001

(2) 노인상담서비스 예산확충 방안

노인상담서비스 예산 확충 방안에 대해 전반적인 인식은 국고보조금 증액 40%, 민간자원동원 22%, 노인복지세 신설 18% 등의 순으로 많이 나타났다. 집단별로는 중앙공무원 집단의 경우 '노인복지세 신설'이 35.3%, '지방교부세 증액'과 '민간자원 동원' 각각 17.6%의 순으로 나타났다. 지방공무원 집단의 경우 '국고보조금 증액'이 44.2%, '민간자원 동원'이 21.1%의 순으로 나타났다. 복지관의 경우 '국고보조금' 43.5%, '민간자원 동원' 23.9%의 순이었으며 동사무소도 '국고보조금 증액' 43.8%, '민간자원 동원' 25.0%의 순으로 나타났다. 통계적으로 유의미한 차이는 나타나지 않았다. 이상으로 국고보조금증액, 민간자원동원 등을 중심으로 한 예산확충방안에 대해 면밀한 검토와 실천방안을 모색할 필요가 있다고 하겠다.

〈표 4-25〉 예산확충 방안

변수	국세를 지방세로 전환	국고보조금 증액	지방교부세 증액	노인복지세 신설	다른 부문의 예산조정	민간자원동원	전체	x^2
중앙공무원	1(5.9)	2(11.8)	3(17.6)	6(35.3)	2(11.8)	3(17.6)	17(13.0)	
지방공무원	4(9.6)	23(44.2)	2(3.8)	8(15.4)	3(5.8)	11(21.2)	52(39.7)	19.85
복지기관	1(2.2)	20(43.5)	2(4.3)	6(13.0)	6(13.0)	11(23.9)	46(35.1)	
동사무소	2(12.5)	7(43.8)	—	3(18.8)	—	4(25.0)	16(12.2)	

*p<.05, **p<.01, ***p<.001

(3) 민간자원 동원 방안

민간자원을 동원할 수 있는 방법에 대해 전반적인 인식은 '조세감면을 통한 기부금 확대' 44%, '언론의 적극적 홍보활동' 26%, '상담서비스 완전자유경쟁' 15%, '후원회 조직' 15% 등의 순으로 높게 나타났다. 집단별로는 중앙공무원 집단은 '조세감면을 통한 기부금 확대'가

64.7%로 가장 많았으며 지방공무원 집단도 '조세감면을 통한 기부금 확대' 43.4%로 가장 많았다. 복지관의 경우는 '언론의 적극적 홍보활동' 40.7%로 가장 많았으며 동사무소는 '조세감면을 통한 기부금 확대' 47.4%로 나타났으며 통계적으로 유의미한 차이가 나타났다(p<.01). 민간자원 동원 방안에 대해 공무원 집단과 민간 사회복지관 간에 의미 있는 인식차이가 있는 것으로 나타났다.

이러한 인식차이는 복지기관 종사원은 형식적인 제도마련을 우선시 하는 공무원 집단과는 달리 실효성을 확보할 수 있는 실용적인 방안을 우선시하는 성향을 지니고 있다는 것을 말해준다.

〈표 4-26〉 민간자원 동원 방안

변수	조세감면통한 기부금 확대	언론의적극적 홍보활동	상담서비스 완전자유경쟁	후원회 조직	전체	x^2
중앙공무원	11(64.7)	2(11.8)	3(17.6)	1(5.9)	17(11.9)	
지방공무원	23(43.4)	10(18.9)	14(26.4)	6(11.3)	53(37.1)	22.84**
복지기관	20(37.0)	22(40.7)	1(1.9)	11(20.4)	54(37.8)	
동사무소	9(47.4)	4(21.1)	3(15.8)	3(15.8)	19(13.3)	

*p<.05, **p<.01, ***p<.001

4) 인지도에 대한 인식

(1) 상담기관에 대한 노인의 인식

지역 내의 상담기관에 대한 노인의 인지 여부를 조사한 결과(<표 4-27>), 노인전체의 인지도에 대한 응답분포는 '모른다'가 65%로 '안다' 35%보다 훨씬 더 높은 것으로 나타났다. 특성별로 우선성별의 경우 남성 노인은 '안다'와 '모른다'가 각각 48.6%로 나타난 반면 여성노인의 경우

'모른다'가 76.1%로 나타났으며 '안다'는 23.1%였으며 통계적으로 유의
미한 차이가 나타났다(p<.05). 여성노인이 남성노인보다 상담기관에 대한
인지도가 낮은 것으로 나타났다. 통계적인 연관성은 아니지만 이러한 결
과는 앞서 살펴본 상담의 필요성 인식에서 남성노인이 여성노인보다 긍
정적인 응답비율이 높았던 것과 일맥상통한 결과라고 볼 수 있다.

연령의 경우 60대 집단에서는 '모른다'가 80.0%, 70대 집단 64.9%,
80대 이상 집단 57.1%로 나타났다. 주거상황에 따른 차이를 살펴보면,
경우 부부만 사는 집단은 '안다'가 48.4%, 부부와 자녀부부 집단은 '안
다'가 54.5%, 부부와 미혼자녀집단은 '모른다'가 100%로 나타났다. 반
면 혼자 거주하는 집단은 70.6%가 상담기관을 인지하고 있었으며 시설
거주 집단의 '안다'가 87.6%로 나타났으며 통계적으로 유의미한 차이가
나타났다(p<.05). 이러한 차이에 대한 근거를 규명하는 작업은 본 연구에
서는 확인할 수 없으나 이에 대한 후속연구의 필요성이 제기된다 하겠다.

〈표 4-27〉 노인상담기관에 대한 인식

변수	상담인식	모른다	안다	전체	x^2
성별	남	17(48.6)	17(48.6)	35(43.2)	7.16*
	여	35(76.1)	11(23.9)	46(56.8)	
연령	60대	16(80.0)	4(20.0)	20(25.6)	2.51
	70대	24(64.9)	13(35.1)	37(47.4)	
	80대 이상	12(57.1)	9(42.9)	21(26.9)	
주거 상황	부부만	16(51.6)	15(48.4)	31(38.8)	32.18*
	부부+자녀부부	5(45.5)	6(54.5)	11(13.8)	
	부부+미혼자녀	6(100.0)	-	6(7.5)	
	혼자거주	12(70.6)	5(29.4)	17(21.3)	
	시설거주	13(86.7)	2(13.3)	15(18.8)	

*p<.05, **p<.01, ***p<.001

5) 접근성과 편의성에 대한 인식

(1) 상담 장소에 대한 노인의 선호

기관에서 노인상담을 할 경우 어디에서 상담받길 원하는가를 조사한 결과<표 4-28>, 남성노인의 경우 '동사무소'가 40.4%로 가장 많았으며, 다음으로 '보건소. 병원' 34.3%의 순으로 나타났다. 여성노인의 경우 '동사무소' 68.3%, '복지관' 17.1%의 순으로 나타났으며 성별에 따라 유의한 차이를 나타냈다(p<.05). 연령의 경우 60대, 70대, 80대 이상 집단 모두 각각 55.0%, 54.3%, 57%가 '동사무소'를 상담기관으로 가장 많이 응답하였다. 주거상황에 따른 상담 장소의 선호를 보면, 부부만 사는 집단은 '복지관'이 37.9%로 가장 많았으며 부부와 자녀부부 집단도 '복지관'이 44.4%로 가장 많았다. 통계적으로 유의미한 차이는 없었다. 부부와 미혼자녀는 집단은 '동사무소'가 50.0%로 가장 많았으며 혼자거주 집단의 경우도 '동사무소' 64.7%, 시설거주집단의 경우도 '동사무소' 85.7%로 동사무소를 상담기관으로 선호하는 것으로 나타났다. 그러나 통계적으로 유의미한 차이는 없었다.

〈표 4 - 28〉 상담 장소 노인 선호

변수	기관	노인 학교	양로원	경로당	복지 기관	동사 무소	종교 단체	보건소, 병원	전체	x^2
성별	남	1 (2.9)	2 (5.7)	1 (2.9)	2 (5.8)	14 (40.4)	4 (11.4)	12 (34.3)	35 (46.1)	13.36*
	여	1 (2.4)	–	–	7 (17.1)	28 (68.3)	3 (7.3)	2 (4.9)	41 (53.9)	
연령	60대	1 (5.0)	1 (5.0)	–	2 (5.7)	11 (55.0)	2 (28.6)	3 (15.0)	20 (27.0)	8.69
	70대	1 (2.9)	–	1 (2.9)	2 (5.7)	19 (54.3)	5 (14.3)	7 (20.0)	35 (47.3)	
	80대 이상	–	2 (10.5)	1 (5.3)	1 (5.3)	11 (57.9)	–	4 (21.1)	19 (25.7)	
주거 상황	부부만	2 (6.9)	1 (3.4)	–	11 (37.9)	1 (3.4)	3 (10.3)	11 (37.9)	29 (38.7)	29.31
	부부+자녀부부	–	1 (11.1)	1 (11.1)	4 (44.4)	1 (11.1)	1 (11.1)	1 (11.1)	9 (12.0)	
	부부+미혼자녀	–	–	–	3 (50.0)	–	1 (16.7)	2 (33.3)	6 (8.0)	
	혼자거주	–	1 (5.9)	1 (5.9)	2 (11.8)	11 (64.7)	2 (11.8)	–	17 (22.7)	
	시설거주	2 (2.7)	1 (7.1)	–	1 (7.1)	12 (85.7)	–	–		

*p<.05, **p<.01, ***p<.001

이상에서 살펴본 바와 같이 성별에 따른 상담기관에 대한 선호도를 조사한 결과 여성노인이나 남성노인 모두 동사무소를 선호하나 여성노인이 남성노인보다 동사무소를 통계적으로 유의미하게 훨씬 더 선호하는 것으로 나타났다. 연령이나 주거상황에 따른 선호도의 응답분포도 동사무소를 가장 선호하는 것으로 나타났으나, 집단 간의 선호도는 유의미한 차이를 보이지 않았다.

(2) 상담 장소에 대한 기관종사자의 선호

기관의 상담 장소 선호를 분석한 결과(<표 4-29>), 중앙공무원 집
단은 '동사무소' 72.1%, '복지관' 16.7%의 순으로 선호하고 있었으며
지방공무원은 '동사무소' 45.5%, '복지관' 40%의 순이었다. 복지기관
의 경우는 복지관을 상담 장소로 선호하는 비율이 '76.8'%로 가장 높
았으며 동사무소 종사자의 상담 장소에 대한 선호로 동사무소 75.0%
로 가장 높게 나타났다. 그러나 통계적으로 유의미한 차이는 나타나지
않았다. 이러한 결과는 지방자치시대의 지역복지를 실현하기 위하여 중
앙공무원이나 지방공무원, 그리고 동사무소 공무원 모두 지방자치단체
를 운영주체로서 공감하고 있으며, 특히 동사무소를 지방자치단체의 최
일선 조직으로 인식하고 있다는 것을 말해준다.

〈표 4-29〉 상담 장소 기관종사자 선호

변수 \ 기관	노인학교	경로당	복지기관	구청	동사무소	종교단체	보건소.병원	전체	x^2
중앙공무원	1(5.6)	–	3(16.7)	1(5.6)	13(72.1)	2(11.1)	–	18(12.1)	
지방공무원	3(5.5)	1(1.8)	22(40.0)	–	25(45.5)	4(7.3)	–	55(36.9)	16.91
복지기관	5(8.9)	3(5.4)	43(76.8)	–	3(5.4)	1(1.8)	1(1.8)	56(37.6)	
동사무소	2(10.0)	1(5.0)	2(10.0)	–	15(75.0)			20(13.4)	

*p<.05, **p<.01, ***p<.001

제3절 분석결과 논의

1. 노인의 상담에 대한 인식과 기관종사자의
서비스전달체계에 대한 인식의 괴리

1) 상담에 필요성에 대한 노인 인식과 기관종사자 인식의 괴리

노인상담의 필요성에 대한 인식에서 노인인식과 기관종사자 인식은 대체로 유사성을 보여준다. 다만 지적되어야 할 사항은 남성노인이 여성노인보다 상담의사가 통계적으로 유의미하게 높게 나타났다. 그 이면에는 여성노인에 비해 사회적 역할 상실과 소외감, 무력감 등의 정서적 및 사회 참여적 문제로 어려움을 겪고 있는 남성노인이 정서적 문제 등을 해소하기 위하여 상담의 필요성에 대한 높은 관심이 놓여 있을 가능성이 있다는 점이다. 이러한 가능성이 받아들여질 수 있다면 주로 기초생활보장이나 노령수당 등 노인의 경제적 문제에 역점을 두고 있는 상담서비스 전달체계 담당자들과 정책대상인 노인들 간의 인식의 괴리는 전달체계상 혼선을 가져오고, 자원의 낭비로 이어질 가능성이 높다고 할 수 있다.

이런 점에서 정부의 노인정책의 특성을 살펴보면, 노인 개인의 심리적 차원의 정책보다는 물리적, 환경적 정책입안이 보편적으로 이루어지고 있다는 것을 볼 수 있다. 그렇지만 전달체계 담당공무원들이 상담서비스 정책으로 경제적 문제에 주안점을 두는 근거는 본 연구에서 발견

할 수 없다.

다만 이와 관련된 선행연구로서 김용순(2005)은 노인복지정책에서 있어서 정책내용을 결정하는 직·간접적인 영향력을 지니고 있는 전문가 집단 및 공무원 집단이 노인집단과 연령이 다르다는 점과, 전문가 집단이나 공무원 집단이 노인의 복지수요에 대한 인식론적 차이에서 그 가능성을 찾을 수 있다고 보고, 이러한 문제의식에서 관계자들의 인식괴리를 축소 또는 제거하기 위한 제도적 장치가 마련되어야 한다고 주장하고 있다.

또한, 정부의 상담서비스 정책은 일반노인 대상이 아닌 주로 취약계층 노인을 대상으로 수립·집행되고 있다는 점에서 이러한 집단 간 인식차이가 일정부분 생긴다고 볼 수도 있다. 이에 해결 방안으로는 제도적장치의 일환으로서 노인들의 욕구와 문제를 반영할 수 있도록 담당 공무원과 함께 지역노인도 참여하는 가칭 '지역사회 노인복지협의회'를 결성하는 방안이 있겠다.

2) 노인상담의 기능에 대한 노인과 기관종사자 간 인식 괴리

노인상담의 기능에 대한 인식에서 노인인식과 기관종사자 인식은 상담기능의 순위에서 상이성을 나타내고 있다. 즉 노인들은 상담기능을 '문제해결을 위한 정확한 정보를 제공해 주는 것', '내 문제를 이해해 주는 것', '내 문제 해결로 이끎' 등의 순으로 중요하게 인식하고 있는 반면, 기관종사자들은 상담기능을 '자신의 문제를 스스로 해결할 수 있도록 이끌어 주는 것', '노인문제 해결을 위한 정보제공', '노인문제의 이해' 등의 순으로 중요하게 인식하고 있다.

　여기서 한 가지 특이한 사항은 기관종사자들은 상담기능의 일순위로 '자신의 문제를 스스로 해결할 수 있도록 이끌어 주는 것'이라고 인식하고 있는 데 반해, 노인들은 이런 상담기능을 상담기능의 3순위로 인식하고 있다는 점이다. 이러한 노인집단과 기관종사자 집단 간의 인식의 차이는 본 연구에서 사용한 표본의 특수성과 기관종사자 집단의 일반적 인식론에서 연유한다고 볼 수도 있을 것이다. 표본의 특성에는 복지기관을 상시적으로 이용하는 노인집단에 기인하는 점이다. 즉 이들 노인집단은 대부분이 여가문화시설의 이용이나 자원봉사활동의 참가를 통하여 자아실현을 발현시키거나 시대변화에 맞춰서 인간적 성장을 도모하고 노년기의 삶을 주도적으로 이끌려는 건강하고 긍정적인 노인들로 구성되어 있다는 것이다. 따라서 이들 노인에게는 자신의 삶을 주도적으로 이끌어주는 데 도움이 되고 당면문제를 해결해 줄 수 있는 정확한 정보제공이 주요한 관심사항이 될 수밖에 없다.

　이에 반해 기관종사자들은 '노년기에 노인들은 생산성이 떨어지고 자신의 지식과 기술가치가 하락하여 수동적인 삶을 살 수밖에 없는'「현대화이론」이나 '노년기에 노인들은 사회로부터 분리되어 조용히 살기를 원한다는'「분리이론」적 시각을 갖고 있기 때문일 수도 있다. 그리고 또 한 가지 주목할 만한 사항으로 노인들의 경우 성별로, 주거상황별로 상담기능에 대한 인식이 통계적으로 유의미한 차이를 보이고 있다는 점이다.

　이러한 세 가지 상황을 고려할 때 노인을 상담서비스에 수혜대상으로서 동질적 집단이 아닌 성별, 소득수준별, 배우자 유무, 주거상황별, 사회활동 수준별, 신체적 건강상태별 등 노인의 제반 상태와 욕구에 부합되는 맞춤형 상담서비스의 제공이 필요할 것으로 보인다.

3) 상담영역에 대한 노인 인식과 기관종사자 인식의 괴리

상담영역에 대한 인식에서 노인인식과 기관종사자 인식은 상담영역 순위에서 상이성을 나타내고 있다. 즉 노인상담은 상담영역을 의료상담, 복지상담(복지 및 의료시설에 관한 상담), 건강상담, 불안상담 등의 순으로 높이 인식하고 있는 반면, 기관종사자 집단은 상담영역을 정보상담, 고용상담, 사회봉사활동상담, 복지상담 순으로 높게 인식하고 있다. 이러한 집단 간 인식의 차이점의 특징으로는 노인집단은 상담영역으로서 의료상담, 복지상담, 건강상담 등 신체적 문제의 영역을 가장 높게 인식하고 있었고, 이에 반해 기관종사자 집단은 정보상담, 고용상담 등 경제적 문제의 영역을 높게 인식하고 있었다. 물론, 경제적 문제나 신체적 문제 모두 우리나라 노인복지정책에서 가장 중요한 현안 문제로 취급되고 있어 별문제가 아니라고 볼 수도 있지만, 이들 간 순위왜곡은 한정된 가용자원에서 정책의 우선순위를 뒤바꿀 수 있기 때문에 중요하다고 볼 수도 있다.

이러한 인식차이는 사회·환경적 변화에 따른 노인인식의 변화와 기관종사자 집단의 일반적 인식에서 연유된다고 볼 수 있다. 즉 의학기술의 발달과 생활여건의 향상으로 평균수명이 늘어나고, 또한 국민소득이 향상되면서 사람들은 단순히 먹고사는 양적인 삶에서 여가문화생활을 즐기면서 건강하게 사는 질적인 삶을 요구하게 되었다. 노인들은 남은 여생을 건강하게 즐기면서 살기 위해 경제적 상담보다는 건강상담에 더욱 관심을 기울이게 된 것으로 볼 수도 있다. 이에 반해 경직적이고 관료적인 기관종사자들은 시대의 변화에 발맞추지 못하고 상담서비스를 시혜성 혜택이나 구호성 지원으로 인식하고 있다고 볼 수도 있다. 이런 점에서 앞으로 전달체계의 담당자들은 상담서비스 업무수행에 있어 지금의 경제적 상담서비스 위주의 프로그램 개발에 못지않게 신체적 상담서비스 개발에 있어서도 전향적인 정책수립과 실천이 요구된다 하겠다. 특히, 65세 이상 노인의료비가 전체의료비에서 차지하는 비중이 매년 급증하고 있어 의료보장 지출의 급속한 증가를 가져오고 있는데, 이를 보전할 수 있는 건강보험 재원의 확충이 시급한 당면과제라고 할 수 있다.

2. 노인상담 서비스전달체계의 실태에 대한 전반적 인식과 집단적 인식 간의 괴리

1) 통합성·포괄성에 대한 전반적 인식과 집단적 인식의 괴리

통합성과 포괄성에 대한 전반적 인식과 집단적 인식의 괴리는 통계적으로 유의미한 차이가 없는 것으로 나타났다. 이와 관련, 노인상담 서비스업무 중복 및 누락에 대해 기관종사자는 업무 중복 및 누락이 보통 이상으로 있다고 인식하고 있으며, 각 기관 종사자별로는 복지관 집단, 동사무소 집단, 지방공무원 집단, 중앙 공무원 집단 등의 순으로 업무중복 및 누락의 정도가 심하다고 나타났다. 또한 노인상담업무 협조관계에 대해 기관종사자 전체적으로 '잘 안되고 있는 편'이라고 생각하는 경향이 있으며, 각 기관종사자 별로는 업무 중복 및 누락에 대한 기관별 순위와 마찬가지로 복지기관 집단, 동사무소 집단, 지방공무원 집단, 중앙공무원 집단 등의 순으로 상담업무의 협조관계가 잘 안 이루어지고 있다고 인식하는 경향이 높게 나타났다.

이러한 결과들은 우리나라의 전형적인 이원적이고, 수직적이고, 병렬적인 상담서비스전달체계의 특성에서 비롯됐다고 할 수 있다. 즉 상담서비스 정책수립 및 운영의 최고결정권자인 보건복지부가 자체의 서비스전달체계를 갖지 못하고 행정자치부의 행정조직체계인 시·군·구, 읍·면·동의 지자체조직을 활용하고 있어 업무 중복 및 누락 등에 대한 제도적 방지 장치가 미약하고, 노인상담서비스에 관련된 업무가 중앙정부 내에서 부처별로 편재되어 있으며, 전달체계인 노인복지회관, 사회복지관, 노인상담소, 고용안정센터, 보건소 등도 서비스의 통합성과 포괄성이 고려되지 않은 채 병렬적으로 설치·운영되고 있다. 이런 점에서 지방자치시대와 고령화시대의 특징으로 볼 수 있는 지역을 중심으로 확대되는 상담서비스 수요에 대비하여 관련기관 간 혹은 프로그램 간에 연계·조정할 수 있는 통합적이고, 포괄적인 상담전담조직의 개발과 도입이 당면과제라 할 수 있다.

2) 자율성·책임성에 대한 전반적 인식과 집단적 인식의 괴리

자율성·책임성에 대한 전반적 인식과 집단적 인식의 괴리는 통계적으로 유의미한 차이가 없는 것으로 나타났다. 노인상담서비스 업무의 책임성과 자율성과 관련한 업무감독 및 규제에 대해 기관 종사자 전체적으로 업무 감독 및 규제가 보통 이상으로 있다고 인식하고 있으며, 각 기관종사자 별로 복지관 종사자, 동사무소 집단, 지방공무원 집단, 중앙공무원 집단 순으로 업무감독 및 규제 정도가 심하다고 나타났다.

이는 우리나라의 노인상담 서비스전달체계의 특성인 상부하달식 구조와 기능을 여실히 보여준 조사결과라 할 수 있다. 하지만 상담서비스 업무 수행에 있어 일선 지방자치단체 공무원에게 자율성이 확보되어야만 수혜자와 담당업무에 대해 책임성을 가지고 노인의 욕구와 지역특성에 적절히 대응할 수 있다. 이런 점에서 지방자치시대 및 고령화 시대, 선진국의 상담서비스 정책 추세에 맞게 집행체계에 있는 지방자치단체가 운영주체가 되어 자율성과 책임성을 가지고 상담서비스 업무에 임할 수 있도록 각 전달주체의 역할과 책임, 결정권을 재분배하는 등 현행 상부하달식의 전달체계를 재조정해야 할 필요성과 정책적 합의가 있다고 하겠다.

3) 전문성에 대한 전반적 인식과 집단 인식 간의 괴리

전문성에 대한 전반적 인식과 집단적 인식 간의 괴리는 통계적으로 유의미한 차이가 없는 것으로 나타났다. 우선, 상담서비스 업무에 필요한 인력이 현재 어느 정도 수준인가에 대해 기관종사원 전체적으로 '적은편이다'라고 인식하고 있으며, 각 기관종사자별로는 전달체계상의 하부조직으로 내려갈수록 대체로 노인상담업무 인력규모가 적다고 인식하고 있었다. 이러한 결과는 행정체계에 있는 중앙 및 지방 공무원보다 현장에서 노인들을 대면하는 동사무소 공무원이나 복지기관 종사자가 전문성의 확보라는 차원에서 보다 인력의 부족을 절감하고 있다는 것을 시사하고 있다. 이러한 전문성의 확보는 비단 전문적 지식이나 숙련도만을 의미하고 있는 것이 아니라 전문성을 발휘할 수 있는 제반 물적, 인적, 정책적 환경까지 포괄하는 것으로 볼 수 있다. 이런 점에서 노인상담 업무의 인력 충원을 위한 방안의 일환으로 신규로 인력을 채용할 것이 아니라 기존조직과 인력을 통폐합하여 업무 재배치를 함으로써 남게 되는 유휴인력을 활용하는 방법이 재정적인 측면에서 또는 인력관리 효율화라는 측면에서 적절하고 현실적이라 할 수 있다.

주지하다시피, 현재 우리나라는 공무원이 100만 명에 이르는 등 큰 정부를 지향함으로써 남아도는 유휴인력이 비교적 많다고 할 수 있기 때문이다. 다만 이들 유휴인력을 현임교육 등을 통해 어떻게 전문인력화할 것인지 또 직무보수교육을 어떻게 실시할 것인지, 이들의 신분을 어떻게 설정할 것인지가 당면 과제라 할 수 있다. 그리고 노인상담자격자 충원필요성과 전문노인상담자격제도의 필요성에 대해 기관종사자 전체적으로 보통 이상으로 필요하다고 인식하고 있으며, 각 기관 종사자별로 집행체계에 있는 지방정부공무원과 복지기관 종사자가 다른 집단의 종사자보다 그러한 필요성을 높게 지각하고 있는 것으로 나타났다. 이러한 결과는 지방정부 공무원과 복지기관 종사자의 경우 일선현장에서 노인을 대면하고 상담서비스 업무를 제공하면서 전문 인력의 부족과 전문성의 확보를 실감하고 있다는 현실을 반영하는 것이라 볼 수 있다. 따라서 전문성과 전문 인력을 확보하기 위하여 기존 유휴공무원 인력의 전문인력화와 함께 현재 이름뿐인 노인복지상담사제도의 자격요건을 별도로 마련하고 또 강화해서 전문 인력을 확보하고, 확보된 전문 인력에 대해서는 이들이 전문성을 발휘할 수 있도록 관리체계를 정립하는 것이 필요하다 하겠다.

4) 적합성 · 적정성에 대한 전반적 인식과 집단적 인식의 괴리

적합성 · 적정성에 대한 전반적 인식과 집단적 인식 간의 괴리는 노인상담서비스 예산수준과 예상확충방안에 있어서는 통계적으로 유

의미한 차이가 없는 것으로 나타났으나, 민간자원동원 방안에 있어
서는 유의미한 차이가 있는 것으로 나타났다. 노인상담서비스예산 수
준에 대해 기관종사자 전체적으로 적은편이라고 인식하고 있으며, 각
기관종사자별로 동사무소, 복지기관종사자, 지방공무원, 중앙공무원 순
으로 노인상담서비스 예산수준에 대해 부정적 인식이 강하게 나타났다.
이러한 결과는 동사무소나 복지기관 종사자들이 현장에서 노인을 대면
하며 업무를 수행함에 있어 예산부족을 실감하는 현실을 반영한 것이
라고 할 수 있다.

노인상담예산 확충방안에 대해 기관종사원 전체적으로 국고보조금
증액, 민간자원 동원, 노인복지세 신설 등의 순으로 높게 인식하고 있
으며, 각 기관종사자별로는 노인복지세 신설을 1순위로 꼽은 중앙공무
원 집단을 제외하고 지방공무원 집단 및 동사무소 집단, 복지기관 종사
자는 국고보조금 증액, 민간자원 동원, 노인복지세 등의 순으로 중요하
게 인식하고 있었다.

이 같은 결과는 중앙정부에서 예산을 편성하여 지방자치단체별로 보
조금의 형태로 배정되고 이것이 광역자치단체를 통하여 지방자치단체로
하달되는 상의하달식의 상담서비스예산 전달체계의 특징을 시사한다고
볼 수 있다. 이런 점에서 서비스의 직접조달자로서의 지방자치단체와
민간상담기관이 자율적으로 제정운영권과 결정권을 가질 수 있도록 상
담서비스 운영권과 결정권의 재분배와 함께 국가재정 및 예산의 재분
배도 이뤄져야 할 필요성과 정책적 요구가 있다 하겠다. 이와 함께 지
방자치단체도 한정된 가용재원에서 상담서비스지출을 늘릴 수 있도록
지방자치단체의 사업부문별 조정을 통한 지방자치단체의 지출 구조의
재편을 전향적으로 검토하고 실천할 필요가 있다. 또한 국고보조금과
지방교부금에 주로 의존하고 있는 민간상담서비스 기관도 자율적으로

노인의 욕구와 지방특성에 맞는 프로그램을 개발하고 운영하기 위해서는 최대한도로 민간자원을 동원할 수 있는 다각적이고 심층적인 접근방법을 강구하고 시도해야 할 것이다.

민간자원을 동원할 수 있는 방안에 대해 기관종사자 전체적으로 '조세감면을 통한 기부금 확대', '언론의 적극적 홍보활동', '상담서비스 완전자유경쟁', '후원회 조직' 등의 순으로 높게 인식하고 있으며, 기관종사자별로 통계적으로 유의미한 차이가 나타났는데 이는 중앙공무원과 지방공무원 동사무소 공무원 등의 집단적 인식은 전반적 인식과 궤를 같이하나, 복지기관 종사자집단은 민간자원의 동원 방안으로서 '언론의 적극적 홍보활동'을 가장 중요하게 생각했다. 하지만 이러한 전반적 인식과 복지기관 종사자 인식의 차이를 밝히는 작업은 본 연구에서는 확인할 수 없지만, 한 가지 가능한 설명으로는 관료적이고, 형식적인 공무원 집단의 경우 편의상 실효성보다는 형식적인 제도적 접근을 선호하는 반면 복지기관 종사자는 실효성을 담보할 수 없는 형식적이고 제도적인 접근보다는 실효성을 확보할 수 있는 현실적인 접근을 선호한데서 기인한다고 추론할 수도 있다.

또 한 가지 가능한 설명은 연말정산 소득공제 등 이와 비슷한 여러 제도적 접근이 있었으나 실질적으로 실효성을 거두지 못했다는 점도 기인할 수 있다. 민간자원동원은 어느 한두 가지 방법으로 가능한 것이 아니라 조세감면 등 제도적 접근과 함께 언론의 적극적 홍보, 지역사회 주민의 적극 호응과 참여 유도, 지방자치단체장의 정책의지, 후원회 조직, 상담서비스 시장의 자유경쟁 등 여러 가지 방안이 유기적인 관계형성이 이루어져야만 활성화될 것으로 판단된다.

5) 노인상담조직 인지도에 대한
전반적 인식과 집단적 인식의 괴리

 지역 내의 상담기관에 대한 노인의 인지여부를 조사한 결과, 인지도에 대한 전반적 응답분포는 인지도가 꽤 낮은 것으로 나타났다. 성별로는 통계적으로 유의미한 차이가 나타났는데, 여성노인의 경우 상담기관에 대한 인지도가 매우 낮은 것으로 나타나는 데 반해, 남성노인의 경우 인지도가 보통인 것으로 나타났다. 이에 따라 노인상담기관에 대한 전반적 인식과 집단적 인식 간에 괴리가 나타났다.

 이러한 결과는 인지도에 대한 전반적 응답률에 인지도에 대한 여성의 응답률이 영향을 많이 미친 데 기인한다고 볼 수 있다. 즉 앞서 살펴본 바와 같이 여성 노인은 남성노인에 비해 상담의 필요성을 낮게 인식하고 있다는 맥락에서 그 원인을 찾아볼 수 있겠다. 이러한 인지도를 높이기 위해서는 매스컴과 정부의 적극적인 홍보와 함께 합리적인 전달체계를 정립하여 노인들이 쉽게 인지할 수 있도록 하는 것이 당면 과제라 할 수 있겠다.

6) 접근성·편의성에 대한 전반적 인식과 집단적 인식의 괴리

 상담 장소에 대한 전반적 인식과 집단적 인식은 대체로 유사성을 보여준다. 지역 내의 상담기관에 대한 선호도를 조사한 결과 전반적으로 동사무소를 가장 많이 선호한 것으로 나타났으며, 집단(노인, 중앙공무원, 지방공무원, 복지기관 종사자, 동사무소)별로, 성별로, 연령별로, 주거상황별로 모두 상담 장소로서 동사무소를 가장 선호한 것으로 나타났다.

이렇게 상담 장소로서 동사무소를 가장 많이 선호하는 것은 여러 가지 이유가 있겠지만 무엇보다 동사무소가 다른 상담 장소에 비해 접근성과 편의성이 용이해 이용용이성이 높다는 데 기인한다고 추론할 수 있다. 특히, 거동이 불편한 노인의 경우 지역적으로 넓게 분포되어 있기 때문에 접근성과 편의성이 최우선적으로 고려되어야 한다고 볼 수 있다.

예를 들어, 지역거점으로서 상담전담창구라 할 수 있는 일본의 복지사무소의 경우 접근성과 편의성 소홀이 가장 큰 문제점으로 지적받고 있는 실정이다. 이런 점에서 정부는 상담서비스 정책을 수립하고 서비스를 마련함에 있어 기본적으로 고려해야 할 요소로서 상담서비스 전달체계, 특히 접근성과 편의성 등을 중시해야 할 필요성과 관계집단의 욕구가 있다 하겠다.

제5장 결론

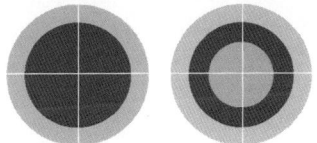

결 론

최근 우리나라는 산업화, 도시화, 핵가족화가 빠르게 진행되면서 가족 및 사회가치관의 변화, 저 출산 및 평균수명의 연장에 따른 인구고령화의 급속한 진전 등 사회 구조, 환경적 요인의 변화로 우리나라 노인은 경제적, 신체적, 정서적, 사회 참여적 문제에 어려움을 겪고 있다. 이러한 복잡 다양한 노인문제를 해결하기 위해서는 노인에게 충분한 양과 질의 상담서비스 제공을 위한 정부의 정책적 개발과 노력이 요구되고 있다. 하지만 정부가 상담서비스 프로그램을 개발하고 재정을 확보하는 것도 중요하지만, 상담서비스의 품질을 결정짓는 여러 요인들 중에서 전달체계가 미치는 영향은 상담서비스 사업에 성패를 좌우할 만큼 크다는 측면에서 합리적인 노인상담 서비스전달체계의 정립은 그 중요성을 더한다 하겠다.

이러한 문제의식에서 본 연구는 노인상담 서비스전달체계에 대한 노인 및 기관종사자 집단의 인식차이를 실증조사를 통하여 비교·분석·논의하고, 이와 아울러 현행 노인상담 서비스전달체계의 관리운영과 서비스실태에 대해 서비스의 원칙에 입각하여 실증분석을 실시하고 그 분석결과를 논의하여 그에 따른 정책대안으로서 현실여건을 고려한 최적 노인상담 서비스전달체계의 모형을 개발·설정하는 데 목적을 두었다.

이를 위해 먼저 노인상담 서비스전달체계를 담당하는 기관종사자 및

정책의 대상인 노인 등 관련 집단 간 인식의 공유 또는 차이를 비교분
석하여 그 시사점을 찾아봄으로써 우리나라 노인상담 전달체계를 개선
·발전시키는 데 밑거름이 되고자 하였다. 이러한 연구 목적에 따라 이
들 집단에 대한 의견조사를 실시하고 분석한 결과 다음과 같은 몇 개
의 연구결과를 얻을 수 있었다.

첫째, 노인상담의 필요성에 대한 인식에서 노인인식과 기관종사자인
식은 대체로 유사하나, 다만 남성노인의 경우 여성노인보다 상담의 필
요성을 더욱 인식한다는 유의미한 결과가 도출되었다. 이러한 결과는
남성노인이 여성노인보다 훨씬 더 심각하게 사회적 역할 상실, 소외감
과 무력감 등으로 정서적 문제를 겪고 있다는 데 기인한다고 볼 수 있
다. 이러한 가능성이 받아들여진다면 주로 경제적 문제해결에 치중하고
있는 현행 상담서비스 전달체계 담당자와 정서적, 사회참여 문제를 위
주로 어려운 문제를 겪고 있는 상당수의 남성 노인 간의 인식차이는
적다고 할 수 없다. 이러한 점에서 지역별로 가칭 '지역사회 노인복지
협의회'를 구성하여 지역노인의 의견을 반영하는 제도적 장치의 마련이
절실하다고 본다.

둘째, 노인상담의 기능에 대한 노인인식과 기관종사자 인식은 상이성
을 나타내고 있다. 즉 노인은 자신의 노년기의 삶을 주도적으로 이끌어
가는 능동적인 주체로서 상담기능을 '문제해결위한 정확한 정보를 제공
해 주는 것'으로 인식한 반면, 기관종사자는 노인을 남의 도움을 받으
면서 살아가는 수동적인 객체로서 간주하고 상담기능을 '자신의 문제를
스스로 해결할 수 있도록 이끌어주는 것'이라고 인식하고 있다. 물론
이런 결과는 본 연구에 사용된 표본의 특수성에 연유된 바 크다고 할
수 있다. 바로 이런 점에서 노인은 상담서비스에 수혜대상자로서 동질
적 집단이 아닌 성별, 소득수준별, 활동수준별, 배우자 유무별, 신체적

건강상태별 등 노인의 제반 상태와 욕구에 따라 이질적이고 층화된 집단으로 바라봐야 할 필요성이 있겠다. 따라서 노인에게 상담서비스 제공 시 노인의 욕구와 특수성에 부합하는 수혜자 중심의 맞춤형 상담서비스를 제공하기 위하여 세심한 관찰과 조사가 병행되어야 할 것이다.

셋째, 상담영역에 대한 인식에서 노인인식과 기관종사자인식은 상이성을 나타내고 있다. 즉 노인은 상담영역 중에서 건강문제를 가장 중요하게 생각하고 있는 데 반해, 기관종사자는 경제문제를 가장 중요하게 생각하고 있었다. 이러한 결과는 우리나라의 경제적 능력에 비추어서 노인에 대한 경제적 지원이 미흡한 면도 크겠지만 그에 못지않게 기관종사자는 노인에게 제공되는 상담서비스를 단지 시혜성 혜택이나 구호성 지원으로 인식하는 경향에 기인한다고 추론할 수도 있겠다. 이런 점에서 기관종사자들은 상담영역과 역할에 대한 인식을 구호성 차원에서 노인의 발달과정을 지지하고 격려하는 도우미 역할 차원으로서의 전환이 필요하다 하겠다.

다음으로 노인상담 전달체계의 관리운영과 서비스 실태에 대한 전반적인 인식과 집단 간 인식의 괴리를 살펴보고 분석한 결과 다음과 같은 시사점을 찾을 수 있겠다.

첫째, 조직의 관리운영을 통합성 및 포괄성 측면에서 볼 때, 중앙정부 공무원, 지방정부 공무원, 동사무소 공무원, 복지기관 종사자 모두 업무 중복 및 누락, 업무협조관계 미흡을 보통 이상의 수준으로 인식하고 있었다. 이러한 결과는 우리나라의 전형적인 이원적이고 수직적이며, 이합집산적인 상담서비스 전달체계의 특성에서 비롯된다고 볼 수 있다. 이런 점에서 외국의 사례나 지방자치시대 및 고령화 시대의 본격 도래에 발맞추어 상담조직 간, 상담프로그램 간을 연계·조정할 수 있는 통합적이고 포괄적인 상담전담조직의 개발과 설치가 절실하다고 할 수 있다.

둘째, 조직의 관리운영의 자율성과 책임성 측면에서는 기관종사자 집단 모두 업무감독 및 규제가 보통 이상으로 있다고 인식하고 있다. 이러한 결과는 우리나라 노인상담 서비스전달체계의 상부하달의 특성을 그대로 반영한 것이라고 볼 수 있다. 이런 측면에서 앞으로 확대되는 지역노인 상담수요에 대비하여 행정체계의 역할과 책임, 권한을 집행체계로 대폭 이양하는 정책적 결정과 실천이 요구된다 하겠다.

셋째, 인력의 관리운영을 전문성 측면에서 볼 때, 기관종사자 모두 상담서비스 업무에 필요한 인력이 적은 편이라고 인식하고 있었다. 이와 관련 전문성의 확보는 비단 전문적인 지식이나 숙련도만을 의미하는 것이 아니라 전문인력을 포함한 물적·인적·정책적 제반 환경을 포괄하는 개념으로 볼 수 있다. 이러한 의미에서 전문 인력의 확보는 매우 중요한 사안이나, 이를 위해서 신규인력의 충원만을 고집할 것이 아니라 기존의 행정조직과 인력 재편을 통하여 남아도는 유효인력을 활용하는 방안이 재정 관리의 효율성 측면 및 인력관리의 효율화라는 측면에서 적절하고 현실적인 대안이라고 할 수 있다. 또한 노인상담자격자 충원 필요성과 전문노인상담자격제도의 필요성에 대해 기관종사자 모두 보통이상으로 필요하다고 인식하고 있다. 이런 점에서 전문성과 전문 인력의 확보를 위해서 기존 유휴인력의 전문인력화와 함께 현행 노인복지상담사 제도를 활성화시켜 전문인력을 확보하고, 확보된 전문인력이 전문성을 발휘할 수 있도록 관리체계를 정립하고, 실행시킬 방안을 모색해야겠다.

넷째, 재정의 관리운영을 적합성 및 적정성 측면에서는 노인상담서비스 예산수준에 대해 기관종사자 모두 적은 편이라고 인식하고 있으며, 전달체계의 하부조직으로 내려갈수록 예산수준에 대해 미흡성을 인식하는 정도가 강하게 나타났다. 이러한 결과는 집행체계에 있는 상담서비스 요원들이 현장에서 노인을 대면하며 업무를 수행함에 있어 예산의 부족을 절감한 탓도 있겠지만 그에 못지않게 상담서비스 예산의 상부하달식 전달체계의 구조에서 비롯된 데에 기인한다고 볼 수 있다. 이런 점에서 상담서비스의 일선조직으로서의 지방자치단체나 민간상담기관의 자율적인 재정권을 발휘할 수 있도록 중앙정부로부터 재정적인 권한 이양이 합리적으로 이뤄져야 할 것이다. 이와 함께 지방정부도 상담서비스예산확충을 위해 가용자원 내에서 부문별 조정을 통한 지방자치단체 재정구조의 재편을 전향적으로 검토하고 실행해 나가야 할 것이다.

노인상담 예산확충방안에 대해 기관종사자 모두 국고보조금 증액, 민간자원 동원 등의 순으로 높게 인식하고 있었다. 하지만 예산확충 방안으로 일순위로 선정된 국고보조금 증액은 정부의 재정한 계상 제한적일 것으로 보이며, 따라서 민간자원을 동원할 수 있는 방안을 전향적으로 모색하고 실천해 나가야 할 것이다. 이를 위해서는 조세감면 등 세제해택과 함께 언론의 적극적 홍보, 지역사회 주민의 호응과 참가 유도, 상담서비스 시장의 시장원리 도입 등 여러 가지 방안을 복합적으로 모색해야 할 필요성이 있다.

다섯째, 전달체계의 서비스 실태를 인지도 측면에서 볼 때, 전반적으로 상담기관에 대한 노인의 인지도가 꽤 낮은 것으로 나타났으나, 남성 노인의 경우 인지도가 보통인 것으로 나타나 노인상담조직 인지도에 대한 전반적 인식과 집단적 인식 간의 괴리를 보였다. 이러한 인지도를 높이기 위해서는 매스컴과 정부의 적극적 홍보는 물론이고 서비스전달체계의 효율성과 효과성을 확보하는 것을 선결과제라 할 수 있다.

여섯째, 전달체계의 서비스 실태를 접근성, 편의성 측면에서 볼 때, 전반적으로 상담 장소로서 동사무소를 가장 많이 선호하였으며, 집단적으로도 모든 관련 집단이 동사무소를 상담 장소로서 가장 많이 선호했다. 이러한 결과는 여러 가지 이유가 있겠지만 동사무소는 접근성과 편의성 측면에서 다른 상담기관에 비해 경쟁력이 있기 때문인 것으로 풀이된다. 더군다나 거동이 불편한 노인들에게는 무엇보다 접근성과 편의성이 중요하다 하겠다. 이런 점에서 지역거점으로서의 상담전담창구를 설치함에 있어 기본적으로 접근성과 편의성을 고려해야 할 것이다.

본 연구는 앞서 언급된 노인상담 서비스전달체계에 관한 분석결과의 논의에 기초하여 상담서비스를 효율적으로 전달할 수 있는 가능성 모색과 이에 대한 개발모형을 설정하였다. 즉 최근 서울시를 중심으로 읍·면·동의 통폐합 추세에 편승하여 기존 유휴시설과 인력을 활용할 수 있고 접근성과 편의성에서 보다 경쟁력이 있는 동사무소의 여유 공간에'상담전담팀'을 설치하여, 이를 중심으로 지역사회 서비스자원들을 연계 및 조정하여 통합적이고 포괄적인 상담서비스를 제공하는 것이다. 이와 같은 작업은 오늘날 지방자치시대를 맞이하여 지역사회의 인적, 물적, 행정적 자원을 통합운영하고 지역사회 노인상담서비스 수준을 제고시키기 위한 방안의 일환으로 노인상담 서비스전달체계에 대한 보다 서비스의 원칙에 충실하고, 경제적이며, 현실적인 접근을 시도하였다는 점에서 그 의의를 찾아볼 수 있겠다.

마지막으로 본 연구의 정책합의는 다음과 같이 정리할 수 있다. 첫째, 노인을 참가시켜 이들의 의견을 수렴하고, 또한 상담전담팀과 지역서비스 자원의 연계거점으로서 동별로 가칭 '지역사회 노인복지협의회'를 결성할 필요가 있겠다. 둘째, 현재 수직적이고 중앙집권적인 전달체계를 합리적인 권한 이양 및 역할 재정립을 통하여 수평적이고 지방분권적인 전달체계로 재편함으로써 지방자치단체나 민간상담기관이 운영주체가 되어 자율성과 책임성을 가지고 노인상담서비스를 수행할 수 있어야 한다. 상담서비스예산확충과 관련하여 중앙정부는 재정적 권한을 지방자치단체에 합리적으로 이양하고 지방자치단체는 자체적으로 가용자원 내에서 부문별 조정을 통한 재정지출구조를 개편해야 한다. 셋째, 전문성 확보를 위해서는 행정조직 개편에 따른 기존 유휴인력을 현임교육을 통하여 전문 인력화함과 동시에 노인복지상담사 제도를 활성화시키고, 확보된 전문 인력이 전문성을 발휘할 수 있도록 관리체계를 재정립해야 한다. 넷째, 통합적·포괄적이고 수혜자 중심의 '원스톱 상담서비스'를 제공하기 위하여 지역거점으로서 동사무소 내 여유 공간에 상담전담창구를 설치하여 운용할 필요가 있겠다.

●●● 참고문헌

[국내문헌]

강천동. 2004. 사회복지전달체계의 개선방안. 석사학위논문. 계명대학교 정책대학원.

건강보험심사평가원. 2004. 건강보험심사평가통계연보.

권육상. 2005. 최신노인복지론. 유풍출판사.

권중돈. 2005. 노인복지론. 학지사.

김문영 외. 2004. 인지·행동적 집단상담과 지지적 집단상담이 노인의 우울과 고독감에 미치는 효과. 한국심리학회지: 상담 및 심리치료. 16권3호 367~382.

김범수 외. 2004. 사회복지 전달체계의 현황과 발전방향 군포시를 중심으로. 한국지역사회복지학. Vol.15.

김영종. 1988. 사회복지행정. 학지사.

김용순, 2005. 노인복지와 노인정보화. 박사학위논문. 광운대학교 대학원.

김응렬. 외. 2004. 한국의 노인복지. 고려대학교한국학연구소.

김진희. 2007. 한국노인복지 전달체계의 운용기준과 효과성에 관한 연구. 박사학위논문. 한국외국어대학교.

김태현. 1985. 노인상담의 기초적 연구. 한국노년학 5: 14~26.

김태현 외. 2000. 가족상담서비스의 현황과 정책적 방향에 관한 연구.

남기민 외. 2003. 사회복지행정론. 나남출판사.

모선희 외. 2005. 현대노인복지론. 학지사.

박광준 외 1999. 고령화 사회와 노인복지. 세종출판사.

박상하 외. 2005. 사회복지개론. 양서원.

박재간. 2003. 고령화 사회와 노인복지의 과제. 아시아미디어리서치.

박차상 외. 2005. 한국노인복지론. 학지사.

변재관 외. 1999. 지역복지전달체계의 현황 및 개선방안. 한국사회복지행
    정학 창간호.

보건복지부. 2005. 보건통계연보.

보건복지부. 2006. 보건통계연보.

보건복지부. 2007. 2007년 노인복지시설 현황.

성규탁. 1992. 사회복지행정론. 법문사.

이장호 외. 2006. 노인상담(경험적 접근). 시그마프레스.

이장호 외. 1998. 상담심리학. 박영사.

이호선. 2005. 노인상담. 학지사.

임춘식. 1991. 현대사회와 노인문제. 유풍출판사.

임춘식 외. 2005. 세계의 노인복지정책. 학현사.

정경희. 2005. 2004년도 전국 노인생활실태 및 복지욕구조사. 한국보건

정길홍. 2006. 노인복지론. 한마음출판사.

최 균. 2001. 지역사회 복지서비스 전달체계의 평가 및 지역 별 적합유형
    분석. 한국사회복지행정학 제5호 145~167.

최선화 외. 2003. 사회문제와 사회복지. 양서원: 노인문제와 사회복지.
    401~423.

최성재. 2002. 영국과 미국의 노인복지 전달체계. 한국노년학.

최성재. 2004. 노인복지학. 서울대학교출판부.

최순남. 1995. 현대노인복지론. 서울. 한신대학교출판부.

최일섭 외. 1995. 사회문제와 사회복지. 나남출판사.

통계청. 2005. 장래인구추계.

통계청. 2006. 장래인구추계.

한국보건사회연구원. 1995. 한국인의 건강과 의료이용실태.

한국보건사회연구원. 2004. 한국인의 건강과 의료이용실태.

행정자치부 외. 2005. 사회복지 전달체계 개선방안.

현외성 외. 1998. 노인상담의 이론과 실제. 유풍출판사.

홍봉수. 2004. 거버넌스 관점에서의 지역복지서비스 전달체계에 관한 연

구. 박사학위논문. 광운대학교대학원.

홍숙자. 2003. 노인의 사회심리적 특성 및 노년기 상담. 농촌생활과학 24(1) 통권93호.

황성하. 2004. 일본 사회복지전달체계에서 민생위원·복지위원의 역할에 관한 연구. 한국사회복지행정학 12. 119~140.

황진수. 2005. 노인복지 정책론. 한성대학교출판부.

[외국문헌]

Arnold, 1991 The measurement of quality of life in the frail elderly. In J. E. Briren, J. E. Lubben, J. C. Rowe, and D. E. Deutchman(Eds.). San Diego: Academic Press.

Atchley, R. C. 1976. The Sociology of Retirement. New York: Schenkman.

Atchley, R. C. 2000. Social Forces and Aging (9th ed.): An Introduction to Social Gerontology. California: Wordsworth.

Blazer, D. G., and Kornig, H. G. 1996. Suicide. in Birren, J. E. et al. (Eds). Encyclopedia of Gerontology(vol.2). New York: Academic Press.

Burlingame, V. S. 1995. Gerocounseilng elders and their families. New York: Springer.

Gilbert. N. & H. Specht. 1986. Dimensions of Social Welfare Policy CN.J: Prentice－Hall. Inc.

Gorden, C., Gaitz, C. M., and Scott, J. Leisure and Lives. in Binstock, R. H., and Shanas, E. (Eds). Handbook of Agung and the social Sciences.

Kelly, J. R. 1996. Leisure. in birren, J. E. et al. (Eds). Encuclopedia of

Gerontology(vol.l2). New York: Academic Press

McDonald, L. 1996. Abuse and Neglect of Elders. In Birren, J. E. et al. Encyclopedia of Gerontology(vol.1). New York: Academic Press.

Myers, R. 1985. Aging and Worldwide Population Change. New York: Van Nostrand Reinhold.

Peterson, G. Peter. 2000. Gray Dawn.

Kosberg, R. 1992. Family Care of the Elderly. Social and Culture. New York Park: Sage Publication. Inc.

Thorman, G. 1995. Counseling Older Persons: A Professional Handbook. Illinois: Charles C. Thomas Publisher.

Wallce, P. 1999. Agequake: Riding the Demographic Rollercoaster Shaking Business, Finance and Our World.

Wright Deils. 1993. Understanding Intergovernmental Relations 3rd ed,. pacific Grove. California: Brooks / Cole Publishing. Co.

●●● 부 록

[부록 1] 노인상담 활성화를 위한 서비스전달체계에 관한 설문조사지

안녕하십니까?
저는 광운대학교 대학원 행정학과에서 노인상담 활성화를 위한 행정서비스 전달체계의 확립방안에 관해 박사학위논문을 준비하고 있습니다. 일상생활 및 업무에 매우 바쁘실 줄 알고 있습니다만, 설문에 응답해주시기를 간절히 부탁드립니다. 조사결과는 연구목적으로만 사용될 것이며, 선생님 개인의 신상과 응답내용은 통계법이 정하는 바에 따라 엄정히 보호될 것임을 약속드립니다.

2007년 5월

광운대학교 대학원 행정학과 박사과정 김태식 올림
논문지도교수 최영훈 올림
연락처: (02) 760-5903

Ⅰ. 피조사자 주거지역(이것은 조사요원이 작성)
　　① (　　　　　) 구
　　② (　　　　　) 동

Ⅱ. 다음은 어르신의 <u>일반적인 사항</u>에 관한 물음입니다.
　　1. 어르신의 성별? (　　) ① 남　　② 여

　　2. 어르신의 연세? (　　　)세

3. 어르신의 주거상황? (   )

   ① 부부만   ② 부부와 자식 부부   ③ 부부와 미혼자녀

   ④ 혼자거주   ⑤ 시설거주   ⑥ 기타

4. 어르신은 한 달 평균 생활에 얼마를 쓰시는지? (   )만 원

   * 직접 물어 액수 기록. 다만 꺼리는 경우 면접자가 대략적으로
   범위를 정해 물어봄(예, 50만 원 정도)

Ⅲ. 상담경험

1. 어르신께서는 고민을 누군가와 상담할 필요성이 있다고 생각하
   십니까? (   )

   ① 필요 없다   ② 필요하다

2. (느끼신 적이 있다면) 고민 상담을 한 경험이 있습니까? (   )

   ① 없다   ② 있다

   ※ 이 문항에 "① 없다"에 답한 경우 Ⅳ. 1번 문항으로

3. 어르신께서는 주로 상담하시는 분은 누구십니까? (   )

   ① 가족   ② 친구·친척·이웃 등 주변사람

   ③ 노인학교 상담교사   ④ 교회, 절 등의 종교인

   ⑤ 사회복지관(양로원) 직원   ⑥ 동사무소 직원

4. (물음 3에서 ①~⑥을 선택한 경우 그분에게) 상담하시는 이유는
   무엇입니까? (   )
   ① 비밀이 보장되기 때문
   ② 부담 없는 편한 상대이기 때문
   ③ 고민을 해결해 줄 수 있기 때문
   ④ 처지와 환경이 비슷하기 때문

5. 어르신께서는 어떤 일로 상담을 하셨는지요? (   )
   ① 건강 때문에 고민할 때   ② 경제적 문제로 고민할 때
   ③ 사회활동과 관련하여 고민이 있을 때
   ④ 마음의 안정이 필요할 때
   ⑤ 복지서비스 등을 받기 위해 정보가 필요할 때

6. 상담을 해 보셨다면, 상담이 문제 해결에 도움이 되었던 것 같
   습니까? (   )
   ① 전혀 그렇지 않다   ② 그렇지 않은 편이다
   ③ 보통이다   ④ 그런 편이다
   ⑤ 매우 그렇다

Ⅳ. 상담서비스지원

1. 어르신께서는 앞으로 고민을 상담받기를 원하고 계십니까? (   )
   ① 전혀 그렇지 않다   ② 그렇지 않은 편이다
   ③ 보통이다   ④ 그런 편이다
   ⑤ 매우 그렇다

2. 지금 어르신의 고충을 상담해 드리는 분이 있다면 다음과 같은 사항
   들에 대해 얼마나 상담받기를 원하시는지요?(해당되는 곳에 ∨표기)

		① 전혀원 치않음	② 원치않 는편임	③ 보통	④ 원하는 편임	⑤ 매우 원함
1)	건강 유지 및 질병 예방에 관한 상담	①	②	③	④	⑤
2)	질병 치료 및 의료비 지원 상담	①	②	③	④	⑤
3)	복지시설, 전문 의료시설에 관한 상담	①	②	③	④	⑤
4)	생계마련을 위한 상담	①	②	③	④	⑤
5)	취업알선, 부업알선 등에 대한 상담	①	②	③	④	⑤
6)	재산 관리에 관한 상담	①	②	③	④	⑤
7)	이성교제나 친구관계에 관한 상담	①	②	③	④	⑤
8)	사회봉사활동 등에 관한 상담	①	②	③	④	⑤
9)	각종의 단체활동에 관한 상담	①	②	③	④	⑤
10)	소외감 등에 관한 심리상담	①	②	③	④	⑤
11)	배우자나 자녀와의 관계에 관한 상담	①	②	③	④	⑤
12)	기타 마음의 불안감에 관한 상담	①	②	③	④	⑤
13)	각종 사회복지혜택에 관한 정보상담	①	②	③	④	⑤
14)	각종 법률문제에 관한 상담	①	②	③	④	⑤
15)	기타	①	②	③	④	⑤

3. 만약 위와 같이 사항에 대해 정부가 상담받으실 수 있도록 도와
   드리는 경우 어디서 상담받으시는 게 좋으신지요? (　　)
   ① 어르신 댁　　　　　　　　② 관련복지기관

3-1. 만약 어르신댁 이외에 다른 기관에서만 상담을 받으실 수 있
   다면 어디가 가장 좋으신지요? (　　)
   ① 노인학교　　　　　　　　② 양로원
   ③ 경로당　　　　　　　　　④ 사회복지관

⑤ 구청　　　　　　　　　　⑥ 동사무소

⑦ 종교단체(교회, 절 등)　　　⑧ 보건소, 병원

4. 어르신께서는 상담을 한다면 어떤 형태의 상담을 원하십니까? (　)

① 전화상담　　　　② 편지상담　　　　③ 직접 만나서 하는 상담

④ 같은 문제를 가진 분들과 만나서 하는 집단상담

5. 어르신께서는 상담하시는 상담기관이 무엇을 해주시기 원하시는지요? (　)

① 내 문제 들어주고 이해해 주는 곳

② 문제 해결을 위한 정확한 정보를 제공해 주는 곳

③ 내 문제를 직접 해결해 주는 곳

④ 내 문제를 내가 스스로 해결할 수 있도록 이끌어 주는 곳

⑤ 심리적 안정을 위한 안식처 같은 곳

6. 상담기관에 관한 질문입니다. 해당되는 곳에 √표를 해 주세요.

1) 주변에 상담기관이 어디 있는지 알고 계시는지요? (　)

① 모른다　　　　　　　　② 안다

2) 정부가 운영하는 노인상담시설의 종류와 운영에 대해 알고 있습니까? (　)

① 아니다　　　　　　　　② 그렇다

7. 어르신께서 상담을 받고자 하실 때 상담자의 나이가 어리면 상담받기 꺼려지시는지요? (　)

① 전혀 그렇지 않다　　　　② 그렇지 않은 편이다

③ 보통이다   ④ 그런 편이다
⑤ 매우 그렇다

8. 어르신께서 상담을 받고자 하실 때 상담자가 다른 성별이라면
   상담받기 꺼려지시는지요? (   )
   ① 전혀 그렇지 않다   ② 그렇지 않은 편이다
   ③ 보통이다   ④ 그런 편이다
   ⑤ 매우 그렇다

| 설문 응답하여 주심에 다시 한 번 감사드립니다. |

[부록 2] 노인상담 활성화를 위한 서비스전달체계에 관한 설문조사지

안녕하십니까?
저는 광운대학교 대학원 행정학과에서 노인상담 활성화를 위한 행정서비스 전달체계의 확립방안에 관해 박사학위논문을 준비하고 있습니다. 일상생활 및 업무에 매우 바쁘실 줄 알고 있습니다만, 설문에 응답해주시기를 간절히 부탁드립니다. 조사결과는 연구목적으로만 사용될 것이며, 선생님 개인의 신상과 응답내용은 통계법이 정하는 바에 따라 엄정히 보호될 것임을 약속드립니다.

2007년 5월

광운대학교 대학원 행정학과 박사과정   김태식 올림
논문지도교수   최영훈 올림
연락처: (02) 760-5903

[피조사자 근무지역(이것은 조사요원이 작성, 중앙부처제외)]
   ① (   ) 구   ② (   ) 동

Ⅰ. 다음은 선생님의 <u>일반적인 사항</u>에 관한 물음입니다.

   1. 귀하의 소속은? (   )
      ① 중앙부처공무원   ② 지방정부공무원
      ③ 노인복지기관   ④ 동사무소

   2. 직급 (   ) 급

   3. 사회복지업무 담당기간 (   )년
      * 개월 수는 개월 수/12로 하여 산정해 주세요. 예) 1년 6개월=1.5년

4. 노인복지업무 담당기간 (   )년

   * 개월 수는 개월 수/12로 하여 산정해 주세요. 예) 1년 6개월
     =1.5년

Ⅱ. 다음 내용은 노인에게 상담서비스를 제공하기 위한 전달체제의 구
   성요소와 기능에 관한 문항들입니다.

※ 본 연구에서 사용하는 노인상담서비스 서비스전달체계는 다음과 같
  이 정의합니다.

> "노인상담서비스를 노인들에게 상담서비스를 제공하기 위한 행정 절차 또는 방법"
> 으로서, 노인상담서비스의 생산·제공은 물론, 상담관련 각종 프로그램의 지원, 이첩
> 및 연계 처리 등도 포함.

1. 선생님의 업무경험을 토대로 볼 때 노인문제의 경감 또는 노인
   복지의 충족에 있어서 노인상담의 중요성은 어떠하다고 생각하
   시는지요? (   )
   ① 거의 중요하지 않다
   ② 중요하지 않은 편이다
   ③ 다른 노인복지문제와 동등하다
   ④ 노인복지에서 중요성이 높은 사안이다
   ⑤ 노인복지문제 중에서 가장 중요한 사안이다

2. 선생님께서는 노인상담의 기능은 무엇이라고 생각하시는지요?
   (   )
   ① 노인들의 문제를 들어주고 이해하는 것
   ② 노인들의 문제를 해결하기 위한 정확한 정보를 제공하는 것
   ③ 노인들의 문제를 직접 해결해 주는 것
   ④ 노인들이 자신의 문제를 스스로 해결할 수 있도록 이끌어 주
      는 것
   ⑤ 노인들의 심리적 안정을 갖도록 도와주는 것

3. 다음의 각 상담관련 행정기능은 선생님 소속기관의 담당 사무로
   서 얼마나 적합한지요?

소관업무와 관련성	① 전혀 부적합	② 부적합 한편	③ 보통	④ 적합 한편	⑤ 매우적 합함
1) 노인상담정책 및 시책의 종합기획	①	②	③	④	⑤
2) 노인상담 예산의 배분	①	②	③	④	⑤
3) 노인상담 프로그램의 개발	①	②	③	④	⑤
4) 노인상담 프로그램의 집행	①	②	③	④	⑤
5) 노인상담 기관의 지정 및 감독	①	②	③	④	⑤
6) 노인상담기관의 운영 및 서비스제공	①	②	③	④	⑤
7) 노인상담관련 정보의 제공 및 홍보	①	②	③	④	⑤
8) 노인상담기관의 알선 및 이첩	①	②	③	④	⑤
9) 노인상담기관 간 협력	①	②	③	④	⑤
10) 노인상담기관에 대한 지원	①	②	③	④	⑤
11) 노인상담기관간의 분쟁 조정	①	②	③	④	⑤

4. 노인상담에 대해 정부가 지원하는 경우 다음의 각 상담내용별로
   선생님의 소속기관이 담당하기에 얼마나 적합하다고 생각하시는
   지요? (해당되는 곳에 √표기)

	상담내용별 서비스유형	① 전혀 부적합	② 부적합 한편	③ 보통	④ 적합 한편	⑤ 매우 적합
1)	건강 유지 및 질병 예방에 관한 상담	①	②	③	④	⑤
2)	질병 치료 및 의료비 지원 상담	①	②	③	④	⑤
3)	복지시설, 전문 의료시설에 관한 상담	①	②	③	④	⑤
4)	생계마련을 위한 상담	①	②	③	④	⑤
5)	취업알선, 부업알선 등에 대한 상담	①	②	③	④	⑤
6)	재산 관리에 관한 상담	①	②	③	④	⑤
7)	이성교제나 친구관계에 관한 상담	①	②	③	④	⑤
8)	사회봉사활동 등에 관한 상담	①	②	③	④	⑤
9)	각종의 단체활동에 관한 상담	①	②	③	④	⑤
10)	소외감 등에 관한 심리상담	①	②	③	④	⑤
11)	배우자나 자녀와의 관계에 관한 상담	①	②	③	④	⑤
12)	기타 마음의 불안감에 관한 상담	①	②	③	④	⑤
13)	각종 사회복지혜택에 관한 정보상담	①	②	③	④	⑤
14)	각종 법률문제에 관한 상담	①	②	③	④	⑤
15)	기타	①	②	③	④	⑤

5. 정부가 노인상담기관을 지정 또는 운영하는 경우 선생님의 소관
   내에서 상담기관으로 가장 적합한 곳은 어느 곳이라고 생각하시
   는지요? (   )
   ① 노인학교   ② 양로원
   ③ 경로당   ④ 사회복지관
   ⑤ 구청   ⑥ 동사무소
   ⑦ 종교단체(교회, 절 등)   ⑧ 보건소 병원

6. 중앙정부, 지방정부, 노인복지기관 간의 상담서비스업무에 대한
   상부감독 및 규제에 대해 어떻게 생각하십니까? (   )
   ① 매우 심하다   ② 심한 편이다
   ③ 보통이다   ④ 심하지 않은 편이다
   ⑤ 전혀 심하지 않다

7. 귀하의 소속기관에서 상담서비스 업무에 필요한 인력은 어느 정
   도라고 생각하십니까? (   )
   ① 매우 적다   ② 적은 편이다
   ③ 적정하다   ④ 충분하다

8. 귀하의 소속기관의 공무원 또는 인력 중 노인상담업무 담당자를
   자격증 소지자로 충원하는 것이 필요하다고 생각하시는지요? (   )
   ① 전혀 그렇지 않다   ② 그렇지 않은 편이다
   ③ 보통이다   ④ 그런 편이다
   ⑤ 매우 그렇다

9. 노인상담업무의 전문성 확보를 위해 노인상담 전문자격제도를
   신설 또는 운영하는 것이 필요하다고 생각하시는지요? (   )
   ① 전혀 그렇지 않다   ② 그렇지 않은 편이다
   ③ 보통이다   ④ 그런 편이다
   ⑤ 매우 그렇다

10. 현재 선생님의 소속기관의 노인상담서비스 예산 수준은 어느 정도라고 생각하십니까? (   )

① 매우 적다　　　　　　　　　② 적은 편이다

③ 충분한 편이다　　　　　　　④ 충분하다

11. (10번 문항에서 ①, ②에 응답하신 경우) 노인상담서비스 예산을 확충하기 위해 가장 효과적인 방법은 무엇이라고 생각하십니까? (   )

① 국세를 지방세로 전환　　　　② 국고보조금 증액

③ 지방교부세 증액　　　　　　④ 노인 복지세 신설

⑤ 다른 부문의 예산조정　　　　⑥ 민간자원의 동원

12. 민간자원을 동원할 수 있는 가장 좋은 방법은 무엇이라고 생각하십니까? (   )

① 조세감면을 통한 기부금 확대방안

② 언론의 적극적인 홍보활동

③ 상담서비스시장의 완전자유경쟁

④ 후원회 조직

13. 노인복지 행정기관들 간의 상담서비스업무 이첩 및 협조관계에 대해 어떻게 생각하십니까? (   )

① 전혀 안되고 있다　　　　　　② 잘 안되고 있는 편이다

③ 잘되고 있는 편이다　　　　　④ 매우 잘되고 있다

14. 현재노인상담서비스업무(상담, 생활보호, 재가복지, 여가문화
등)수행에 있어 중앙정부와 지방정부 자치구 및 동사무소, 노인
복지기관 간의 업무중복 및 누락에 대해 어떻게 생각하십니까?
① 전혀 중복이나 누락이 없다.　　② 심하지 않은 편이다.
③ 보통이다.　　　　　　　　　　④ 심한 편이다.
⑤ 매우 심하다.

設문 응답하여 주심에 다시 한 번 감사드립니다.

• 저자 •

김태식　•약 력•
　　　한성대학교 행정대학원 행정학과 졸업(행정학 석사)
　　　한성대학교 행정대학원 사회복지학과 졸업(사회복지학 석사)
　　　광운대학교 행정학과 박사과정 졸업(행정학 박사)

　　　현)대학도서관연합회 이사(대학도서관연합회장)
　　　　한국도서관협회 기획정책위원회 위원
　　　　(재)한국도서관문화진흥원 이사
　　　　경민대학 겸임교수
　　　　디지털 서울문화예술학교 실버산업학과 겸임교수
　　　　월계문화정보도서관 관장

　　　•주요논저•
　　　「새터민(북한이탈주민)지원을 위한 정책평가」, 한국법치행정학회보(제12권),
　　　한국법치행정학회, 2006.
　　　「노인상담 서비스 전달 체제 연구」, 낙산복지정책연구(제1집), 낙산복지정
　　　책연구회, 2008.

노인상담 서비스전달체계 인식에 관한 이해

초판인쇄 | 2008년 12월 5일
초판발행 | 2008년 12월 5일

지은이 | 김태식
펴낸이 | 채종준
펴낸곳 | 한국학술정보㈜
주　소 | 경기도 파주시 교하읍 문발리 513-5 파주출판문화정보산업단지
전　화 | 031) 908-3181(대표)
팩　스 | 031) 908-3189
홈페이지 | http://www.kstudy.com
E-mail | 출판사업부　publish@kstudy.com

등　록 | 제일사-115호(2000. 6. 19)
가　격 21,000

ISBN 978-89-534-7111-5 93350(Paper Book)
　　　978-89-534-7112-2 98350(e-Book)